ALESSANDRA PARISOTTO

UNA VITA MAGICA

Un Viaggio Attraverso Le Dimensioni Dell'Essere

Titolo

"UNA VITA MAGICA"

Autore

Alessandra Parisotto

Editore

Bruno Editore

Sito internet

http://www.brunoeditore.it

Tutti i diritti sono riservati a norma di legge. Nessuna parte di questo libro può essere riprodotta con alcun mezzo senza l'autorizzazione scritta dell'Autore e dell'Editore. È espressamente vietato trasmettere ad altri il presente libro, né in formato cartaceo né elettronico, né per denaro né a titolo gratuito. Le strategie riportate in questo libro sono frutto di anni di studi e specializzazioni, quindi non è garantito il raggiungimento dei medesimi risultati di crescita personale o professionale. Il lettore si assume piena responsabilità delle proprie scelte, consapevole dei rischi connessi a qualsiasi forma di esercizio. Il libro ha esclusivamente scopo formativo.

Sommario

Introduzione — p. 5

Cap. 1: Il principale compito è dare alla luce sé stessi — p. 11

Cap. 2: Benedici il passato e scopri la meraviglia che sei — p. 33

Cap. 3: Nascere non basta, siamo nati per rinascere — p. 56

Cap. 4: È facendo che impari come si fa a fare — p. 91

Cap. 5: Cerca l'anima dietro e dentro ogni cosa — p. 122

Cap. 6: Scopri il linguaggio della non forma oltre la forma — p. 155

Cap. 7: Ascolta la mente del cuore — p. 184

Cap. 8: Sii il sognato che il tuo intimo sogna — p. 221

Conclusione — p. 246

Ringraziamenti — p. 249

A Laura, perché conosca sua madre.

Introduzione

Non si può dire di avere ben vissuto
se prima non hai piantato un albero,
fatto un figlio, scritto un libro.
Anonimo

Che un libro ci fosse nella mia vita era scritto da tempo immemorabile, mi parlava e mi accompagnava da sempre, negli ultimi anni, poi, cresceva dentro e premeva per essere portato alla luce come una gestazione giunta al termine e, dunque, non più procrastinabile.

Così mi arrendo e mi accingo a dargli vita con la mia vita che ora definisco "magica" perché solo la bellezza di tanti avvenimenti preziosi l'hanno resa possibile, sostenendola nel percorso difficile e necessario di apprendimento.

L'intento è quello di poter essere utile a quanti si troveranno a leggermi, perché la strada maestra che conduce alla scoperta di sé, pur con diversi sentieri, crocevia e anche scorciatoie per i più bravi, è unica, tant'è che i viandanti che l'hanno percorsa, quando si incontrano, estranei gli uni agli altri, si capiscono come si conoscessero da sempre.

Questo grazie anche al fatto che tutti noi siamo più simili di quanto crediamo di essere diversi, soprattutto nei bisogni, nei desideri, nelle aspirazioni, se non nelle difficoltà.

E allora ecco che, attraverso il mio personale viaggio, più di qualcuno potrebbe riconoscersi e sentirsi parte viva nella comune esperienza umana che ci abbraccia e, così, comprendere e accettare risvolti personali che ancora premono, facendo tesoro del loro insegnamento e pacificandosi per andare oltre.

Sì, perché proprio io, instancabile e ostinata ricercatrice, risoluta nella volontà di capire, vedere, sperimentare, fin nelle viscere più profonde, la ragione nascosta della concatenazione degli eventi che accadono, ho impiegato un tempo infinito a risolvere il profondo dolore che li ha accompagnati, tanto da credere che niente avrebbe potuto assopirlo.

Alleati fedeli mi sono stati sempre i libri, compagni sostenitori, e proprio uno di loro, un giorno, mi ha sorpreso e fornito la chiave che invano cercavo dentro di me e che nessuno era stato in grado di tendermi che, riuscendo a far vibrare le mie corde, ha squarciato il buio.

«Non è possibile sfuggire a quel dolore, a tutti piacerebbe, ma non esiste via di fuga se non attraverso la tua regalità, la presenza cosciente, silenziosa, non giudicante, sufficiente alla trasmutazione alchemica. Dunque trasferisci il dolore dalla testa al cuore e poi siediti davanti a lui. Ascoltalo e parlagli, abbraccialo, fai l'amore con lui come con il tuo amante» e, mescolandone gli umori, lo accoglierai e lo amerai di un amore infinito e liberatorio.

Improvvisamente, senza quasi avvedertene, smetterai di identificarlo con la sofferenza per sentirlo la tua forza possente di rinascita alla vita, libera, gioiosa e leggera come una bimba, senza più passato, solo il presente aperto a ogni promessa. E questo, **attraverso la tua decisione volontaria e consapevole**.

Il mostro fatto di nebbia si era sciolto e non vedevo più con occhi appannati. Comprendevo che, grazie e attraverso quel dolore, avevo condotto un incessante lavoro su me stessa per sopravvivere prima e per liberarmene poi, ora smarrendomi in esso e lasciandomi trasportare alla deriva, ora rialzandomi con forza di volontà, facendo leva sul senso del dovere che spetta al capofamiglia, sempre dibattendomi tra speranza e amarezza per una vita sciupata, senza rendermi conto che, proprio attraverso questo stesso dolore, mi ero forgiata per diventare chi dovevo essere, la donna che ero, che sono e che non sarei mai potuta essere altrimenti.

E un senso sconfinato di gratitudine iniziava a sprigionarsi da me attraverso ogni poro della mia pelle, un grazie ripetuto come un eco, un desiderio profondo di perdono rivolto a tutti gli artefici di tanta sofferenza, dopotutto anch'io non ero stata perfetta, anch'io avevo le mie colpe, i miei egoismi, la mia prepotenza e, insieme, si espandeva anche un'apertura generosa all'amore, alla fiducia, al coraggio, alla certezza che ora forze nuove, abili e avvedute, avrebbero saputo gestire saggiamente gli eventi.

Come avevo potuto non comprendere prima? Non ero pronta

all'accettazione, vedevo, ma non accettavo (questo l'errore), né percepivo chiaramente la necessaria presenza dei vari puzzle che componevano l'arazzo della mia vita, così perfettamente concatenati, ognuno scaturiva dal precedente e si collegava al successivo in un film dove i protagonisti erano contemporaneamente abili registi e provetti attori nello svolgersi della commedia, ognuno ineccepibile nel suo ruolo: che meraviglia!

"Guardando il mio passato e il mio presente e, a buon ragione, anche il futuro, non mi è difficile affermare che è in costante lavorazione un disegno che resta nascosto mentre si sta sviluppando. Non ci vuole un grande ingegno per concludere che si tratta dello stesso disegno concepito dalla medesima forza che consente l'allineamento dei pianeti e lo sbocciare dei fiori e della vita in ogni genere di creazione qui e in tutto l'universo". (Wayne W. Dyer).

Come l'autore appena citato, anch'io dimostrerò come ho avuto accanto, in ogni tappa del mio percorso, di più, in ogni giorno della mia vita, guide invisibili, le stesse che accompagnano ogni essere umano che voglia sentirle.

Alessandra Parisotto
info@alessandraparisotto.it

Capitolo 1:
Il principale compito è dare alla luce sé stessi

"C'è stato un tempo in cui credevo, come tutti, che la mia vita fosse fatta solo di circostanze ed eventi esterni. Sul cammino alla conquista di me stessa ho realizzato che la nostra storia personale appartiene in realtà a due mondi: **uno visibile,** sotto i nostri occhi, che chiamiamo mondo reale **e l'altro invisibile,** simile a un fiume di emozioni, riflessioni, pensieri e intuizioni che ci scorre dentro". (da *"La scuola degli dei"*).

Riporto questa introduzione al testo di Stefano D'Anna perché ben si accosta alla mia storia con l'unica differenza che, mentre l'autore è accompagnato nel suo viaggio di formazione dal personaggio immaginario che chiama Dreamer[1], io sono stata seguita passo passo, giorno per giorno, da guide preziose che si sono succedute e sostituite vicendevolmente l'una all'altra man mano che il cammino di crescita avanzava.

[1 In riferimento al testo di Stefano D'Anna, si può ben dire che l'autore si sia servito del personaggio immaginario che chiama Dreamer come "escamotage" per non rivelare la fonte del suo apprendimento, che forse non interamente è stato riportato, nero su bianco, perché si può presumere comprenda parti segrete.

Anch'io non avrei pensato, prima di accingermi all'opera, che mi sarei arresa a riportare parti del mio vissuto così intime. Ci sono esperienze che credo debbano rimanere in chi le vive, perché non ci sono parole che possano tradurre il contenuto emotivo e il senso di sacralità che le accompagna, in secondo luogo servono sostanzialmente alla persona che le vive e, infine, potrebbero non essere accettate da chi ancora non ne ha fatto una diretta conoscenza.]

E mentre l'autore di cui sopra scrive di avere intenzionalmente evitato di esporre avvenimenti, rivelazioni e situazioni che avrebbero potuto eccedere la capacità di accettazione del lettore, io non potrei esimermi dal raccontare i fatti per quello che sono, se non dando luogo a interrogativi senza risposta.

Avevo ventisette anni quando il mio contatto con l'invisibile ha avuto inizio e, da allora, non si è mai interrotto. L'avevo cercato e sperato dopo un tempo di pellegrinaggi nel tentativo di trovare una soluzione all'improvviso evento che mi aveva creato un grave danno "fisico", a detta dei medici senza domani.

Non potevo sopravvivere in quello stato né, a detta loro, appunto, sarei sopravvissuta, ma poiché in qualche modo stavo ancora vivendo, avevo assoluto bisogno di attenuare, se non risolvere, i disturbi conseguenti che non mi davano tregua.

Mi avviavo così in un cammino di ricerca che avrebbe cambiato per sempre l'indirizzo della mia vita.

Inenarrabile descrivere come mi sentissi, cosa feci, cosa affrontai, a cosa mi sottoposi: la disperazione elimina freni, ostacoli, limiti... Uscita pochi anni prima da un collegio di clausura, avevo appena incominciato a vivere e ora mi perdevo nel buio fitto di un baratro senza fondo.

Accantonata la via ortodossa, che aveva dichiarato la sua impotenza, mi affacciavo, dapprima con sospetto, poi con speranza, al variegato mondo dei santoni, dei guaritori, dei sensitivi e anche dei maghi a cui, stordita dal dolore, chiedevo, e mi chiedevo, perché mai mi fosse successo un simile terremoto, poiché una causa doveva pur esserci.

La peculiare modalità attraverso cui si era verificato il fatto, che tralascio per rispetto del credo del lettore, e il danno conseguente, non lasciavano spazio a risposte, piuttosto all'invito di pormi l'obiettivo di guarire prima di quello di capire. Eppure sentivo che la causa era importante, che, se avessi potuto impossessarmene, afferrarla, **trovarne l'origine**, ci sarebbe potuta essere una via di uscita o, quantomeno, ne avremmo ricavato indicazioni preziose.

Io, così razionale e concreta in quel frangente, ma forse erroneamente lo credevo, stavo scoprendo in me una forza ostinata in favore di energie sconosciute, dotate di poteri segreti, a cui tutto sarebbe stato possibile.

Insieme al dolore fisico sviluppavo, o già mi apparteneva e solo emergeva, anche una sensibilità sottile che sapeva penetrare nella profondità delle cose, degli eventi, delle persone, rimandandomi l'eco di quella vita che mi stava sfuggendo. Contemporaneamente ero soggetta a fenomeni che scarsamente conoscevo e non sapevo gestire. Avevo bisogno di parlarne, di confrontarmi, di mettermi a nudo con persone autorevoli.

Attraverso un quotidiano su cui scriveva, credo *Il Corriere della Sera*, mi misi in contatto col Prof. Emilio Servadio, uno dei fondatori della Società Italiana di Psicoanalisi (SPI) e della Società Italiana di Parapsicologia, che mi indirizzò al Dott. Alfredo Ferraro di Genova, ex direttore della Rai locale e poi noto studioso di fenomeni paranormali.

Mi ricevette subito, mi ascoltò attentamente, gli piacqui e volle che rimanessi a cena, mentre chiedeva a Gian e Tullia, medium del cerchio Ifior, un immediato incontro. Mi lasciò con una lettera di presentazione, scritta di suo pugno, ad Adolfo Gustavo Rol, suo grande amico. Non ci andai subito, solo in seguito l'avrei fatto, ma troppo tardi: Rol aveva appena perso la moglie, sacchi di posta intonsa e un solo desiderio, stare solo. Fu gentile quando lo chiamai per preannunciarmi, ma deciso. Seppi in seguito che aveva rifiutato anche Alfredo quando, trovandosi a Torino, gli citofonò per un saluto. Si sentì rispondere laconicamente che si sarebbero visti lassù.

In fondo l'avevo cercato senza convinzione, rigirando un giorno quella lettera tra le mani: in realtà non me la sentivo di fare altri viaggi, ero stanca di peregrinare, di continuare a cercare, sperimentare, sperare, dire... anch'io avevo bisogno di silenzio.

Fu allora che presi la solenne decisione di fare da me, di rivolgermi a una via d'aiuto più diretta, più consona alla situazione, più intima, più mia. Attesi un tempo che mi parve lunghissimo prima di sentire soltanto che mi veniva confermata una presenza superiore e null'altro. Era sufficiente. Da lì in poi sarebbe stato un fluire continuo di luce su tanti giorni bui a sostegno del vuoto di risultati concreti.

Incredibile quanto mi sentissi supportata dall'invisibile rispetto ai contatti umani cercati fino a quel momento, forse perché questo canale c'era sempre stato dentro di me e, senza che me ne avvedessi, mi aveva sempre parlato, senza parole, un linguaggio che si agganciava perfettamente alla mia anima.

Tuttavia la modalità era assolutamente nuova per me, eppure così reale e concreta nella naturalezza con cui avveniva. Il mondo visibile e invisibile erano un'unica realtà. Ciò che mi veniva trasmesso aveva agganci coerenti con gli accadimenti del momento che si chiarivano, lasciando finalmente spazio alla speranza. Non ero divisa tra due mondi, semplicemente il mio mondo comprendeva anche quello di cui mi si dava sempre più rassicurazione con integrazioni superiori alle vicende quotidiane e anche anticipazioni di quelle a venire, quasi a volermi dare prova della veridicità della fonte.

Sì, perché nonostante avessi cercato quella via e mi approcciassi a lei con attenzione e gratitudine, non mi smarrivo in essa, perché un acceso spirito critico, sempre presente, vigilava su tutto, chiedendo quell'evidenza di verità che, solo in seguito, mi sarebbe stata data.

Pure in quello spazio di tempo riuscivo ad attutire il dolore e a sentirmi avvolta in un abbraccio d'amore che mi permetteva di espandermi come forza energetica facente parte del tutto. Ero sostenuta, incoraggiata, ascoltata, istruita, guidata a occuparmi anche di me, energeticamente, e mi si insegnava come. Avevo sempre saputo di poter "fare". Le Kirlian del Prof. Arnaldo Zanatta e poi di Valerio Sanfo avevano valutato la mia radianza, ma non avevo ancora pensato di servirmene per me. Persino un noto terapeuta, con cui nel mio peregrinare ero venuta in contatto, avendo percepito le mie capacità, mi aveva proposto di lavorare per lui, ma avevo nettamente rifiutato l'offerta, indirizzandolo ad altra persona di mia conoscenza.

Non era la mia strada, non allora, e poi ero troppo presa da me e sognavo soltanto di vedermi sana intorno a gente sana. Soffrivo di emicranie fortissime che mi costringevano a letto per giorni e giorni e che nessuno era stato in grado di sconfiggere. Ora, con l'apposizione delle mie mani, immediatamente si placavano, staccandole, ritornavano. Giocavo, sorpresa, con me stessa.

Quasi a infondermi ulteriore speranza e fiducia in un continuum, mi fu detto, e più volte ripetuto, cosa avrei fatto nel tempo a venire, gli studi che avrei intrapreso, gli interessi che avrei coltivato, quali sarebbero state le mie passioni future, cose a cui non pensavo minimamente allora. Solo anni dopo, quando ormai tutto era accaduto, sarebbero riaffiorate alla memoria e avrei verificato le coincidenze e come tutto corrispondesse a quello che, molti anni prima, mi era parso solo un racconto immaginario!

«Sai di vivere contemporaneamente in altre dimensioni?» mi dissero un giorno a bruciapelo. No, non lo sapevo e allora non mi interessava sapere. Ero, e non poteva essere altrimenti, concentrata su di me.

Nonostante il sostegno di quella presenza costante, la malattia mi teneva ancora chiusa nel mio bozzolo, il mondo ancora non mi apparteneva, niente mi apparteneva, io ero tutto il mondo e il mio mondo era niente mentre, con paziente delicatezza, venivo incanalata al sentire.

Cominciavo così ad avvertire una lenta apertura, se pure instabile e prudente, a un possibile tempo nuovo in cui tutta quella pesantezza si sarebbe potuta sciogliere. **Credo che nella vita di tutti si arrivi, anche più volte, a queste cosiddette porte della morte e della rinascita. Questa era una di quelle porte.**

Fu approfittando di uno di quei momenti di respiro che decisi in fretta di sposarmi. Lui me lo aveva chiesto un anno prima, ma non avevo potuto affrontare il passo a cui, tuttavia, ero stata incoraggiata. Ora mi sembrava la cosa giusta.

Sentivo che mi legava a lui quell'esperienza di dolore che condivideva con me e che questa condivisione ci avrebbe uniti per sempre, indipendentemente dal passo che stavamo per compiere. Era primavera. Quando, in estate, ci concedemmo una vacanza a

Torremolinos, ci assegnarono una camera d'albergo con letti troppo corti per il mio compagno. Prontamente, da lassù ci venne detto che c'erano stanze con letti più grandi e opportunamente chiedemmo di essere trasferiti.

Tutto era avvenuto così velocemente che, quando ricevetti la prima lettera indirizzata alla mia famiglia appena formata, chiesi al mio compagno chi fosse quella famiglia: ancora non l'avevo realizzato.
Lui era apparso nella mia vita proprio in concomitanza del tragico evento. Ricordo quando venne a trovarmi in ospedale, prima del verdetto funesto, con i calzoni alla caviglia, confezionati da sua madre, e un mazzo di fiori di campo avvolto in una pagina di giornale.

Mia madre lo guardò di sbieco, non lo disse, ma certamente dovette pensare da quale magico cappello fosse sbucato. Non mi lasciò più. Era dotato di una sensibilità e sensitività rare e mi amava tanto. Con lui ho potuto fare esperienze straordinarie, accompagnata da lui mi sono avvicinata a fonti che non avrei mai toccato, ho visto, sentito e vissuto accadimenti che non posso descrivere.

Sto parlando di un incontro di anime.

Ci fu un momento in cui mi dettarono una storia, la nostra storia con i nostri nomi in un'altra vita, che mi dissero di leggere in una trasmissione televisiva, allora in vigore, che si occupava di guarigione. Attraverso quei nomi si esplicitava la missione di due esseri dediti alla divulgazione di messaggi di crescita interiore per la trasformazione dell'essere.

Quando uscimmo insieme la prima volta, mi domandò cosa fosse per me l'amore, quando la nostra storia si chiuse per un tragico incidente (l'avevo visto in un sogno lucido esattamente sei giorni prima), trovai sul tavolo della cucina fogli per me, dettati a lui, sull'amore. Li conservai come reliquie per molto tempo finché, nel mio peregrinare, sono andati persi.

Molto altro è andato perso nei vari traslochi, ma soprattutto in conseguenza del trauma per la sua perdita. Molto non ho voluto riportare, mi arrabbiavo quando il discorso si faceva difficile e non mi era chiaro. «Scrivi - mi dicevano - un giorno capirai», ma facevo resistenza, volevo chiarezza e la volevo subito.

Ho goduto di poesie celesti, di visioni, di apporti, di filastrocche di bellezza e musicalità, attraverso intrecci di parole e rime, che questo mondo non può avere né puoi raccontare, trasferendone la meraviglia. Questo bagaglio prezioso continua a vivere in me ed emette luce come un faro.

Nel tempo le guide cambiavano: mi spiegavano che la sostituzione andava di pari passo con il livello di istruzione e di crescita. Io non facevo domande circa la loro identità, non nutrivo alcun interesse per questo, ma avvertivo il passaggio da una all'altra esattamente come avviene quando comunichi con persone diverse: l'espressione era diversa, e soprattutto il tono, più pacato o più deciso, il timbro di voce, il modo di porsi, lo stesso vocabolario che si adattava ai temi più elevati, l'arguzia...e intanto, lentamente, mi trasformavo, ma il cammino era ancora lungo.

Un giorno mi fu indicata una scala lunghissima: «Vedi - mi fu detto - sono tanti i gradini per arrivare in alto!». A riprova di quanta strada dovessi ancora percorrere, cito l'esempio di una notte in cui ebbi una visione. Mi trovavo ai margini di un campo da tennis intenta a osservare, infastidita, una persona di mia conoscenza nella vita reale che, come nella realtà, mi suscitava un'irrefrenabile irritazione per quanto fosse impacciata nel destreggiarsi anche nelle situazioni più semplici. Sembrava non avere padronanza del suo corpo, inciampava su sé stessa, non centrava la palla e, quando la lanciava, cadeva ai suoi piedi.

La guardavo e, incredibilmente, la critica cominciava a lasciare spazio alla compassione per quei tanti piccoli intralci, la goffaggine, gli imbarazzi, gli intoppi. Avvertivo, per la prima volta, che tutta la sua difficoltà nasceva da un'insicurezza di fondo per un vuoto di presenza che non c'era mai stata nella sua vita. Sentii nascere in me persino una sorta d'amore per lei e il desiderio, **ora che avevo capito**, di esserle, da quel giorno in poi, guida delicata e presente. Mi svegliai di soprassalto, contenta, mi era chiaro il messaggio.

Ma... **credevo di aver capito!** Ci sono voluti anni per apprendere che quella visione, riferita a lei, in realtà riguardava me: quanti esercizi avrei dovuto compiere nella mia vita per sciogliere innumerevoli situazioni, modi di vedere e di sentire che mi sembravano "piccoli", ma piccoli passi di un radicale cambiamento, prima di acquisire una pratica corretta e una naturale dimestichezza in tanti comportamenti, prima di capire **come la trasformazione interiore sia fatta e si manifesti attraverso la pratica di tanti piccoli passi!**

Diversamente dalla trasmissione verbale, avevo imparato che quella attraverso immagini, sogni, visioni comportava l'interpretazione dei messaggi, era cioè un modo per insegnare che il vedere fuori di te non è la realtà, ma solo la rappresentazione di ciò che sei, perché la verità è dentro di te ed è ciò che sai vedere quando guardi con gli occhi del cuore.

Quando entri in contatto con questa verità, che hai estratto da te, ti senti espanso, senza confini e inondato di luce, parte di ogni cosa, il genio della lampada, è un'epifania, una specie di estasi in un tempo senza tempo.

Non a caso scriveva C.G. Jung: «A volte ho la sensazione di essere diffuso nel paesaggio e dentro le cose e di vivere io stesso in ogni albero, nell'infrangersi delle onde, nelle nuvole e negli animali che vanno e vengono, nel susseguirsi delle stagioni».

So per certo che questa è una capacità che tutti noi stiamo sviluppando, una sensitività che origina dalla capacità di essere in comunione con la vita. Dunque, fidati di te, del tuo volere e della tua verità, nessuno può dartela fuori di te. «Poi - scrive Igor Sibaldi - scopri che tutto nel mondo è molto più docile di quanto tu creda» e, citando gli ultimi versi del poeta irlandese Yeats sulla semplicità dei cambiamenti, «Tutte le cose sono appese come una goccia di rugiada su un filo d'erba».

Quando guardo indietro e mi rivedo bambina e colgo in me il seme di ciò che sono diventata, mi accorgo che i frammenti della mia vita, da tessere sparse di un mosaico sconosciuto, hanno trovato ciascuna la propria collocazione sulla scia di un preciso disegno.

Tutte le esperienze, anche le più dolorose, hanno concorso al compimento del disegno. È stato un lungo viaggio di cui oggi mi è chiara l'idea dominante. Allora non potevo sapere, non ero in grado di vedere che l'obiettivo era giungere alla conoscenza attraverso la mia esperienza personale, dunque un appuntamento col divino "orchestrato da quelle forze invisibili che si occupano di tali faccende".

RIEPILOGO DEL CAPITOLO 1:

- SEGRETO n. 1: hai vissuto esperienze con l'invisibile?
- SEGRETO n. 2: se sì, cosa hai provato e appreso, come ti hanno cambiato/a?
- SEGRETO n. 3: se no, qual è il tuo pensiero circa questi contatti?
- SEGRETO n. 4: che cosa è stato per te fonte di prezioso insegnamento?
- SEGRETO n. 5: che cos'è per te la verità?

Un autoaiuto a portata di mano – Anno 1992

Mi propongo di fornirti una semplice, ma efficace modalità di autoaiuto cui puoi ricorrere in ogni momento in cui ti senti scarico/a, stanco/a, depresso/a, dolorante per qualcosa o anche semplicemente insoddisfatto/a e vorresti un supporto a sostegno del corpo e della mente per uscire ripulito/a e fortificato/a da questa condizione di disagio.

Puoi adoperarti in qualsiasi posizione comoda per te. Personalmente prediligo la posizione sdraiata, perché il mio corpo riposa e lo sento libero e disteso a mia completa disposizione. Se pensi che in questo caso potresti addormentarti, non ti preoccupare, perché significa che il tuo corpo ha bisogno di riposo e concediglielo (avrai sentito esprimere questo concetto da molti ed è corretto). In ogni caso, a meno che tu sia veramente sfinito/a, non dovrebbe accadere, perché sarai impegnato/a a eseguire i passaggi che ti elenco e che potrebbero sorprenderti con le reazioni benefiche che andrebbero a verificarsi.

Qualsiasi posizione tu abbia scelto, cerca di rilassare il corpo e accertati che lo sia (questo perché a volte credi di essere rilassato, ma non lo sei). Osserva ad esempio i tuoi piedi: sono più o meno diritti e paralleli o cadono ai lati come quando sei davvero rilassato/a?

Cerca di svuotare la mente dal solito cicaleccio insistente, ma anche da eventuali pensieri giustificati,

perché il vuoto della mente può lasciare spazio al ricevimento di improvvise indicazioni utili alla soluzione dei tuoi problemi.

Lascia che il tuo corpo sia libero, non incrociare le gambe e stendi le braccia ai lati del corpo, se credi con i palmi delle mani rivolti verso l'alto, perché questa posizione ti aiuta a sentire il movimento energetico che ti appresti a richiamare. Quando ti senti sufficientemente rilassato/a, cerca il contatto con la tua anima e chiedi, con totale fiducia, l'aiuto della Fonte affinché la tua energia e la sua si uniscano e lavorino insieme, in fondo sono una.

Sarai in grado di riconoscere quando l'energia è arrivata a te perché la percepirai nei palmi delle tue mani, che fungono da antenne, sotto forma di pizzicore, calore, movimento... A questo punto dai ali alla tua immaginazione, che è magica, per raffigurare l'energia cosmica che, penetrando in te attraverso il tuo settimo chakra, si unisce alla tua e, se vuoi, puoi renderla più concreta rafforzandola con il ricorso all'identificazione delle forze della natura sature di lei, come l'acqua pura della sorgente che scende cristallina dalla montagna, la potenza delle maree, la luce calda del sole più acceso. Rapportati a queste meravigliose fonti di luce per amplificare la tua forza.

Ora lascia che tutta questa energia, richiamata e raccolta, entri lentamente in te, illumini della sua luce ogni tua parte e la vivifichi. Non avere fretta, lasciala lavorare e scendere piano. Se soffri per un dolore, fisico o morale, immaginala e vedila lavorare in quel preciso punto con insistenza e con la modalità che più ti piace e lasciala procedere quando senti che, in quel punto, ha lavorato abbastanza.

Vedila scorrere sempre lentamente nel corpo, trascinando con sé la stanchezza, le scorie del corpo, il peso delle preoccupazioni, ogni fastidio tu possa identificare con un nome vedilo andare via e uscire attraverso i tuoi piedi.

Forse non subito, ma se compirai correttamente questa parte, ed è semplice, potresti sentire il tuo corpo raffreddarsi e questo freddo, che lo percorre tutto per uscire dai piedi, rappresenta le energie basse che stai scaricando.

A questo punto immagina che, sempre attraverso i tuoi piedi, penetri invece in te l'energia pulita e vivificatrice che lentamente sale nel tuo corpo, soffermandosi e lavorando dove c'è più bisogno e, se ancora lavorerai correttamente, sentirai il tuo corpo riscaldarsi di un calore buono e benefico, oltre che piacevole.

Man mano che l'energia sale per raggiungere ancora la corona, immagina che quell'energia si espanda oltre il tuo corpo per illuminare il luogo in cui sei, e ancora oltre e oltre ancora, e tu sei immerso/a in un mare di energia...

Puoi muoverti da dove sei quando vuoi e, alzandoti, dovresti sentirti ricaricato/a, rilassato/a e in grado di vedere le cose con occhi diversi, quand'anche non ti sia pervenuto un aiuto superiore che non è detto debba arrivare in quel preciso momento ma, nella scia di luce che trascini con te, anche in seguito, magari quando meno te lo aspetti, certamente avverrà al momento giusto.

Ho usato questa forma di guarigione e di autoaiuto nel lontano 1992, ma la considero sempre perfetta. In caso di una malattia grave o di un problema importante può esserti certamente di aiuto, anche se il lavoro deve essere più profondo e specifico.

Questa modalità di autosoccorso è contemporaneamente una forma di meditazione che sarebbe auspicabile accompagnasse naturalmente ogni giorno della tua vita attraverso l'abitudine acquisita di osservazione e di consapevolezza di ogni tuo atto nel momento stesso in cui lo compi.

Capitolo 2:
Benedici il passato e scopri la meraviglia che sei

La vita non accade a te, ma per te.
Anthony Robbins

«Questa è diversa dagli altri...» Questa ero io e l'esclamazione (mi hanno detto essere) di mio padre quando nacqui, penultima di quattro femmine più due maschi. Per molto tempo mi chiesi da cosa l'avesse dedotto e capii solo più avanti, quando, a mia volta, ebbi Laura.

Certo sarebbe stato bello chiederglielo un giorno, ma non c'è stata mai confidenza con lui né con mia madre, impegnata a mettere al mondo figli che venivano distribuiti, per la crescita, ai diversi parenti.

Ci siamo trovati insieme da grandi, ognuno col suo mondo chiuso all'altro e segreto, perché quello che era stato, in qualche modo, aveva creato in ciascuno l'impronta indelebile di una storia a sé, non condivisa, da dimenticare, quasi la vera vita iniziasse solo in quel momento. Tutti ne avevamo sofferto e nascondevamo quel dolore con pudore, come a vergognarcene, perché i nostri genitori avevano deciso per noi e non c'era nulla da dire.

Tra tutti, però, io sono stata colei che più ha vissuto in casa, nei primi anni, con pause di lungo respiro dai nonni, in campagna. Abitavano una grande casa colonica nella piccola frazione di Vidigulfo, Mandrino, in provincia di Pavia, di proprietà dei Sacchi, signori terrieri, edificio oggi in rovina, ma intoccabile perché sotto la protezione delle Belle Arti.

Rivedo l'ampia sala d'ingresso con il camino sempre acceso e il lungo tavolo intorno al quale nonno Alessandro radunava gli amici la sera. Prima del loro arrivo, io venivo messa a letto al piano di sopra, ma, sapendolo, stavo attenta e, quando avvertivo il loro chiacchiericcio acceso, scendevo lentamente la lunga scalinata e facevo timidamente capolino all'ingresso della stanza per correre tra le braccia del nonno che, con orgoglio e tenero affetto, mi accoccolava sulle sue ginocchia.

Da qui tenevo spettacolo, perché regolarmente mi invitava a

raccontare le mie barzellette e io davo sfoggio di tutta la mia arte. In realtà, già allora sentivo che quella non ero propriamente io, ma la recita mi permetteva di non stare sola e di godere della vicinanza del nonno e di quelle persone, allegre davanti a un bicchiere di vino, che mi prestavano attenzione, dunque mi consideravano, dunque esistevo, mentre la nonna, servizievolmente, sfaccendava.

Non ho mai sentito il nonno alzare la voce, né imporsi con prepotenza, né adirarsi con qualcuno. Lavorava tanto e parlava poco, sempre con misura e pacatezza, insomma era quello che si dice un uomo buono e giusto. Anche con la nonna aveva un'intesa senza parole. Per me, che venivo da tutt'altro ambiente, quello era il paradiso: mi sentivo accudita e libera contemporaneamente.

Amavo la roggia che fiancheggiava la casa e nelle sue acque, limpide e basse, sguazzavo con la poca biancheria sottratta alla nonna che la corrente in gran parte portava via, lasciando quel che restava da stendere sulle siepi dell'aia. Le vicine, che si affacciavano in cortile, domandavano a nonna Virginia se avesse fatto il bucato anche quel giorno e lei rispondeva sempre di no, che era opera della sua Sandra, senza mai un rimprovero né un cenno a quello che era andato perso.

Ancora non potevo sapere che quell'amore per l'acqua, la terra e la natura tutta si sarebbe concretizzato nel lavoro che avrei svolto per tanti anni nel tempo a venire.

Ma ora, come erano belli i nonni, vividi nel ricordo dei pochi momenti cari della mia vita!

Poi, all'improvviso, mio padre arrivava per riportarmi a casa, dove trovavo Carluccio, l'ultimo di noi, troppo piccolo per giocarci, per parlargli. Se mai di lui avrei dovuto occuparmi quando, dopo averlo bloccato sul seggiolone, mia madre usciva la sera per acquistare il latte e io, sola e impaurita, guardavo il buio dalla finestra e contavo i minuti che mancavano al suo rientro, naturalmente una paura che non potevo confessare perché ero grande ormai: avevo quattro anni.

L'unico mio compagno di giochi, all'epoca, era Olivano: abitava poco più in là di noi nel corridoio di ringhiera. Era furbo e sapeva

come approfittare della mia generosità senza limiti. Per questo, però, doveva cogliermi da sola. A mo' di segugio, non appena mia madre usciva, arrivava puntualmente a bussare alla nostra porta e se, entrando, trovava qualcosa di suo interesse, immancabilmente me lo chiedeva. Io non gli rifiutavo nulla, davo, e non una parte, tutto.
Ripetitivo era poi il rimbrotto di mia madre al rientro, ovvero che un giorno o l'altro non avrebbe più trovato neanche la casa!

Olivano mi aveva introdotta al gioco del dottore, gioco intrigante che non mi dispiaceva. Lui lo dirigeva e io, pur vigile, lasciavo fare, scoprendo nell'ingenuità dei tocchi le prime risposte del corpo. La cosa mi creava contemporaneamente un certo turbamento, incasellando il gioco in qualcosa di così intimo da essere proibito e che, dunque, si dovesse nascondere come un segreto inconfessabile.

Eppure non c'era nulla di torbido in noi, in realtà giocavamo davvero e stavamo facendo esperienza di noi, ma ci trovavamo impreparati a esplorare il nostro mondo. In particolare parlo per me, che non sapevo neppure cosa significasse essere guidata, ascoltata, compresa, rispettata, diciamo anche amata, quasi non avessi pensieri a cui pensare, esigenze da sentire, sentimenti da esprimere, affetti da ricevere: ero piccola e grande a seconda delle convenienze.

Fino a una certa età sono stata la prediletta di mio padre, forse sempre per quell'idea di me che si era fatto alla mia nascita, ma non per questo c'è stato mai tra noi un gesto tangibile di vicinanza, una carezza, un abbraccio, una parola. Aveva un suo strano modo di manifestarsi e di manifestare i suoi sentimenti.

Ricordo chiaramente quando, rientrando dal lavoro, un giorno mi indicò l'orologio appeso alla parete perché gli leggessi l'ora. Nessuno ancora mi aveva insegnato a leggerlo e non seppi rispondere né lui, in quel momento, mi insegnò. Aveva un'indecifrabile espressione in volto che non saprei definire neanche oggi, perché non era importante quanto l'emozione che mi investiva in quel frangente: sentivo che si aspettava questa conoscenza da me, quasi a riprova che ero degna della sua predilezione, e il non sapergliela dare, consapevole della sua aspettativa, mi ferì come la peggiore delle umiliazioni.

Papà era il dotto di casa. Crescendo, ci avrebbe proibito tutto fuorché lo studio.

Conservo una foto che mi fece a quei tempi, è in bianco e nero, quindi bella perché essenziale, mentre il colore falsa l'essenziale. Ci sono io, da sola, questo è importante: anch'io sono bella, con l'immancabile fiocco in testa. Sono inginocchiata, intenta a riempire un secchiello di terra.

Questa foto mi riprende, ma quando la guardo vedo lui, non il padre padrone che non ci ha permesso di esprimerci, ma tutta la solitudine che deve aver provato per aver ridotto la sua vita a un deserto, e provo una pena infinita.

Vedo lui e la sua incapacità di manifestare amore e, dunque, di riceverne, perché noi lo temevamo. Quando lui arrivava, noi abbassavamo gli occhi e ci allontanavamo.

I miei genitori si sono sposati senza conoscersi, un matrimonio, il loro, combinato dalle rispettive famiglie: per quella di lei, mio padre era un buon partito, per quella di lui, Carla, mia madre, era donna docile e sottomessa, andava bene per la sua prepotenza. Così si unirono in fretta.

Prima che mia madre morisse, le ho sottratto la foto del loro matrimonio (non me l'avrebbe data spontaneamente, era gelosa delle sue foto). Anche questa è in bianco e nero. L'ho inserita in una cornice d'epoca.

Loro due sono bellissimi: papà è alto, incravattato ed elegante, in abito scuro naturalmente, lei, affascinante in un abito di seta che le scivola addosso. Nel braccio destro, piegato, tiene un mazzo di fiori, il bouquet, e contemporaneamente, con la mano destra trattiene sollevato l'abito al centro che si apre tra le pieghe, come si usa oggi, lasciando intravvedere le scarpe bianche. In testa ha una corona, come solo le regine indossano, che trattiene il velo candido.

Se non bastasse, due paggetti, maschio e femmina, li fiancheggiano ai lati, entrambi in abito da cerimonia: il paggetto, in abito grigio, purtroppo è stato ripreso solo a metà, la bambina ha un fiocco bianco in testa come me da piccola.

I miei si tengono sotto braccio: mamma arriva alle spalle di lui, ma la corona la innalza.

Questa foto è splendida, io la amo e mi incanto a guardarla.

Vedo tra le pieghe, non degli abiti, ma dello loro anime, due esseri che vanno incontro al loro destino segnato da altri.

Chissà come in realtà avevano sognato di compiere questo passo, chissà con chi e con quali speranze, certezze, desideri... C'è tutto nella foto, ma si è perso l'essenziale: la gioia. I loro volti, pur bellissimi, non sono seri, sono cupi.

E poiché questo tipo di bellezza che vedo non può essere solo esteriore, mi domando quanta ce ne fosse in loro, soffocata per sempre da un legame che univa due estranei, non solo e non tanto perché non si conoscessero, ma per quanto fossero diversi e sentissero diversamente e volessero ogni cosa diversamente.

"Colui a cui non è permesso di essere sé stesso, non può essere felice e sentirsi libero" (F. Camon).

I miei genitori.

Il giorno e la notte non avrebbero potuto essere più distanti.

Papà era colto e amante della cultura, non solo quella che hai appreso dai libri, che pure recitava a tavola, ma quella che hai dentro.

Era fondamentale per lui il sapere appreso e applicato, come un distintivo di classe superiore e interiore; mamma era una donna semplice con desideri semplici, leggeri ed elementari che mio padre aborriva.

Mio padre detestava l'esteriorità, mia madre ne era affascinata, mio padre costruiva, mia madre desiderava vivere, mio padre era un solitario, mia madre amava la compagnia.

Il loro è stato un rapporto turbolento nel quale tutti abbiamo sofferto.

Oggi so che avremmo potuto fare molto per loro anziché aspettare che loro facessero per noi, ma allora non eravamo pronti.

Ognuno di noi, dentro, è cresciuto da solo, come una pianta esposta alle forze della natura, al bello come al cattivo tempo, al sole come alla tempesta, alla luce come al buio, senza protezioni, concimi, pali di sostegno, come una pianta selvatica che, abbandonata a sé stessa, può farcela a sopravvivere e anche a vivere a lungo, se forte, ma con tante ferite ed esposta a ogni rischio.

Per molto tempo, pensando a quella che ero, mi giudicavo strana nel mio profondo senso di solitudine, alleggerito soltanto dalle particolari sensazioni che mi investivano, sottraendomi a quell'ambiente per catapultarmi in un mondo magico, dove tutto mi sembrava possibile.

Per esempio, alla nostra casa si accedeva attraverso una lunga scalinata di una sola rampa. A volte mi mettevo sul pianerottolo e la guardavo dall'alto: mi sembrava ancora più lunga e qualcosa mi diceva che, se mi fossi buttata, avrei potuto percorrerla tutta volando per librarmi poi ancora più in alto.

Il senso di leggerezza, che si impossessava del mio corpo, era così forte che dovevo trattenermi a forza dal farlo. Era un pensiero ripetitivo, sempre uguale, sempre forte, che mi trasmetteva un senso di potere senza limiti, qualcosa di me che dovevo sperimentare perché mi avrebbe aperto altri mondi.

Non è forse quella pratica del volo che più tardi mi sarei trovata a dover intraprendere? Ma ne doveva passare di tempo: allora avevo cinque, sei anni. Con questa forza interiore di magico distacco riuscivo a far fronte alla mia vita solitaria di bimba senza sogni.

Tempo fa mi trovavo, per lavoro, nei pressi di Siziano, dove abitavamo, e ho pregato l'autista di entrare in paese: volevo rivedere la casa. Il paese è cambiato molto e, per un attimo, ho temuto di averla persa, che non riuscissi a trovarla, che fosse stata abbattuta, ma poi, all'improvviso, ecco l'arco che si apre lungo il corso principale e, in fondo, a lato dell'ampio spazio aperto, la scalinata: è lei, la mia casa.

La scalinata è inconfondibile, uguale ad allora anche se i muri dell'edificio sono stati rinfrescati. Non abbiamo tempo di entrare e di vedere la casa da vicino, ma non importa, quello che conta è averla ritrovata, ci sarà un'altra occasione per farlo e poi c'è la scalinata: **non è su di lei che sono stati fatti voli pindarici?**

Un'emozione di esultanza mi balza nel petto. Non volevo altro, sì, posso ritornare ora che so dov'è... Una volta dicevo di non essere legata a nessun luogo e che il mondo potrebbe essere la mia casa, ed è vero, ma ora so che rivedere i luoghi di nascita non lascia indifferente nessuno.

C'è una parte di te in quei luoghi e un pezzo della tua vita che solo in parte hai trascinato con te andandotene, perché un'altra parte rimane per sempre imprigionata su quei muri, sulle cose, nell'aria... una parte di te di cui ora ti riappropri per ricomporti, ma ancora non sei intero. Là rimane comunque e sempre qualcosa di te che non puoi strappare del tutto e l'emozione che sento è così forte che persino il ricordo degli elementi dolorosi perde quell'impronta e si addolcisce.

Il male di ieri, oggi lo accogli, gli sei grato, ti ha reso quello che sei, ti ha riportato a te. A buon diritto Pavese scriveva: «Un paese ci vuole, non fosse che per il gusto di andarsene via. Un paese vuol dire non essere soli, sapere che nella gente, nelle piante, nella terra c'è qualcosa di tuo che, anche quando non ci sei, resta ad aspettarti... perché tu possa farti terra e paese e la tua carne valga e duri qualcosa di più di un comune giro di stagioni» (da "*La luna e i falò*").

Salgo in macchina in un turbine di sensazioni, passato e presente si fondono, la bimba e la donna si fondono, non c'è separazione. Realizzo ancora che forse non sono mai stata veramente bambina, che fin da allora ero attore e spettatore di me stessa, come oggi, mi osservavo dentro e sentivo di dovermi adattare alla realtà del momento, perché non avevo ancora strumenti di opposizione.

Come chi non ha mai ricevuto amore, non sa cosa sia fintanto che i recettori di membrana delle sue cellule non si attivano alla conoscenza di questo sentimento, così io, e sopperivo al grande vuoto con il mio segreto dialogo interiore.

Se in questo modo mi schermavo dalle tante mancanze, mi estraniavo però anche dalla realtà e il rimanere ai margini della vita mi ha accompagnato per anni tanto che, quando oggi mi rivedo, ho l'impressione di non aver mai vissuto davvero.

Del resto l'amore si impara e io non ho avuto maestri in materia. Attraverso prove durissime il viaggio della vita mi ha insegnato ad amare. Quando l'hai appreso, semplicemente accade, come il respiro, e tu sei amore.

Di lì a poco ci saremmo trasferiti.

Arturo, Elena, io e Marisa.

RIEPILOGO DEL CAPITOLO 2:

- SEGRETO n. 1: che cosa ricordi della tua infanzia?
- SEGRETO n. 2: se oggi ti fosse dato di aprirti ai tuoi genitori, che cosa diresti loro?
- SEGRETO n. 3: quale parte di te bambino/a permane nella tua vita?
- SEGRETO n. 4: quali sentimenti per la tua infanzia ti accompagnano nella tua vita adulta?
- SEGRETO n. 5: a chi senti di dire grazie?

L'anima del tutto

Fin da piccola sono stata pervasa da una particolare sensibilità per tutto, la natura, gli animali, gli oggetti, cosiddetti inanimati. Mi avvicinavo a ogni cosa con rispetto, estrema delicatezza e attenzione, come fosse viva e sapesse parlarmi, sentirmi, capirmi e, a mia volta, io stessa potessi parlare con lei e non essere sola.

C'era il legame di un linguaggio silenzioso, solo nostro.

Sentivo in tutto qualcosa che andava al di là del visibile, che anch'io avevo e mascheravo con pudore, come il mio mondo segreto, il linguaggio energetico della non forma oltre la forma che investiva tutto e, con naturalezza, la mia anima bambina.

«Che cosa può essere più pesante e più impenetrabile di una pietra, la più densa di tutte le forme?» scrive Tolle.

Per me era un libro parlante. Mi diceva di sé, della sua provenienza, del suo presente, del suo destino, della sua unicità.

Amo da sempre le pietre, i sassi, i ciottoli di quelle acque basse, trasparenti e chiacchierine in cui mi calavo e mi specchiavo.

Come noi, ogni cosa in sé è unica.

Ogni fiore è quel fiore... Io, che ho piantato migliaia di alberi, quando compero una pianta in vaso, la guardo attentamente. Guardo la sua disposizione nel contenitore che deve essere armoniosa. Non sempre lo è, e non per l'imperfezione che non le appartiene, ma per la distrazione dell'uomo che la coglie e la invasa senza troppa cura. La guardo e la scelgo come una creatura e il mio pollice verde le regalerà lunga vita.

Così accade anche per gli oggetti che portano con sé la mano dell'uomo che li ha creati, con le sue imperfezioni e le sue imperizie, sottovalutate per l'esigenza del mercato che spinge la catena di montaggio a correre, perché tutto ha un prezzo... come, per me, tutto ha un'anima.

Quando l'uomo crea, trasferisce l'alito della sua anima alla cosa che, così, porta con sé l'impronta eterea di chi l'ha creata. Ecco, **questa è la distinzione che fa la differenza dell'oggetto tra i tanti e la voce che vado ascoltando.**

«Perché sono tanto perfezionista?» chiedevo un giorno.

«Perché credi così di essere migliore» fu la risposta. È vero, dovevo diventare più fluida, più accogliente, più leggera, meno discriminante, meno critica, perché se l'anima è in tutto, tutto non può che essere meraviglioso.

Una volta mi sono fatta un regalo speciale. Un furto in casa mi aveva sottratto le cose più care, così mi regalai un anello che, insieme ad altri altrettanto belli, era disposto sul banco di una mostra di ori d'epoca. Solo quello poteva essere il mio. Sentivo che mi apparteneva. Portava la mia data di nascita, non era un segnale indifferente. Era un nodo d'amore perfetto per quell'amore così centrale nella mia vita, unico nell'imperfezione di una sua pietra leggermente scheggiata che non ho permesso di sostituire.

Ogni tanto, distrattamente, mi chiedevo a chi fosse appartenuto. Un giorno, rigirandolo tra le mani, mi sorprese la visione della sua proprietaria: una donna alta, più di me, bionda e sorridente nella sua maglietta verde sopra una gonna fasciante. La percepivo solare, apparentemente spontanea, ma di fatto riservata e cauta nella sua intelligenza vivace e, soprattutto, molto concreta. Questa era la nota che più differiva da me.

E se invece avessi dovuto usare una chiave di lettura diversa che mi suggeriva di camminare un po' di più coi piedi per terra per non perdermi la fisicità sorprendente di questo meraviglioso pianeta?

In ogni cosa c'è il sigillo del suo creatore e anche l'energia di chi l'ha posseduta, qualcosa di quella persona che permane e anima ulteriormente l'oggetto.

Che dire poi del miracolo della natura? Anche tu sei natura e, come la natura, emani ciò che sei.

Trovo sempre bellissima, non in quanto tenera poesia, ma in quanto splendida verità, l'immagine di Thây che, giustamente, vede ogni cosa dentro ogni cosa: il fiore è presente nell'albero che lo genera, come l'albero è nel fiore che lo contiene, nella nuvola che lo bagna, nel vento che lo scuote, nel sole che lo scalda, nella luce che lo nutre e così via... in un legame senza fine.

In ogni cosa c'è tutto, come in ognuno di noi c'è l'intera specie e la sua continuazione, la conoscenza del passato, del presente e del futuro, la perfezione dell'infinita divinità da riportare solo alla memoria, la bellezza della creazione perfetta.

Oggi posso spiegarmi e ritrovarmi uguale ad allora nelle sensazioni naturali della mia grande anima, così espansa da unirsi naturalmente all'espansione dell'anima di tutte le cose, trasmettendomi il senso prezioso e familiare della loro sacralità diffusa che è l'essenza.

Capitolo 3:
Nascere non basta, siamo nati per rinascere

Frequentavo le prime classi elementari quando ci trasferimmo nel centro Rai di Villamaggiore, sedici chilometri a sud di Milano, sulla provinciale Milano-Pavia. Mio padre ha sempre lavorato alla Rai, prima presso la stazione di Genova, poi in quella di Roma-Pomezia, in località Santa Palomba.

Il centro onde medie di Villamaggiore-Siziano, gemello di quello di Roma, costruito nel 1930 dall' EIAR, antenato della Rai e voce del regime, era uno dei più importanti d'Italia tanto da essere poi inserito tra "I luoghi del cuore" del FAI al fine di attirare l'attenzione su un sito tecnologico che rischia la chiusura quando invece potrebbe essere valorizzato come "museo vivo della radio".

Completamente recintato e arricchito da spazi verdi, comprendeva all'interno due palazzine: una elegante, in stile fascista, che conserva i cimeli della radiofonia italiana, ospitava il trasmettitore di Rai Radio 1 e poi, fino al 2004, di Radio 2 e Radio 3 in analogico sui 693 Khz; l'altra, più semplice, a tre piani, era destinata ai funzionari addetti alla stazione. Noi abitavamo al secondo piano dell'edificio, di fianco a noi la famiglia Modolo e, al piano sottostante, le famiglie Ravani e Zanacchi.

Il piano terra era destinato ai carabinieri addetti alla sorveglianza e all'ultimo piano, in alto, insieme alla lavanderia e alle soffitte, una terrazza a cielo aperto, estesa quanto la grandezza dell'edificio, spaziava sulle campagne circostanti. Era frequentata solo da noi ragazzi quando sentivamo il bisogno e il desiderio di perderci lontano.

Questo luogo ci isolava infatti dal paese e non solo per la distanza, quanto per la realtà in cui ci trovavamo inseriti che ora ci rendeva "qualcos'altro" rispetto a prima: eravamo diventati "quelli della Rai", come a dire una specie a parte.
Una distinzione di classe? Forse.

Noi, però, non ci sentivamo affatto dei privilegiati. Raramente ci era dato il permesso di recarci in paese e la nostra vita, di fatto, era tutta racchiusa tra il muro di cinta dell'area e le campagne.

Proprio appena fuori dalla recinzione, dietro alle palazzine, nella campagna aperta, si alzavano due antenne, conosciute come le più alte tra le strutture di questo genere, rispettivamente 145 e 158 metri ciascuna, con 120 radiali di acciaio interrati, lunghi 170 metri, e 240 radiali corti, pari a 16 metri, che irradiavano i programmi Rai in onde medie.

Quando scoppiavano i temporali, i fulmini frizzavano sulle antenne in un caleidoscopio di luci che guardavamo incollati ai vetri.

A volte ci spingevamo a vederle da vicino, se pur alla distanza di sicurezza indicata dai cartelli e, alzando lo sguardo così in alto, ci sentivamo mancare, provando, insieme all'ebbrezza del brivido, quasi paura.

Antenna del centro trasmittente onda media di Milano-Siziano.

Si accedeva alle antenne attraverso uno stretto sentiero che costeggiava gli orti, fino a un ponticello che attraversava un largo fossato, oltre il quale si stendeva la campagna. Papà era un appassionato pescatore e forse da lui avevo appreso il piacere di catturare, nelle acque basse di quel fossato, con lo scolapasta, piccoli pesci che, racchiusi in un vaso di vetro, trasferivo poi nelle vasche della lavanderia, al piano superiore di casa, creando un vero e proprio acquario con sassi e alghe.

La famiglia, ora, si era allargata: insieme a me e a Carlo, erano entrate a farne parte Elena e Claudia, rispettivamente prima presso zia Emma, a Sanremo, l'una e presso parenti, a Monteleone, l'altra.

Elena, maggiore di me e più esuberante, appena messo piede in casa, quando ancora non ci conoscevamo, mi chiese spavaldamente in regalo la mia ed unica bambola che troneggiava elegante, tutta crinoline e merletti, su un mobile all'ingresso, preziosa per me che ogni tanto la guardavo veloce, senza toccarla, quasi si potesse sciupare solo con lo sguardo.

Non sapevo dire "no" a chiunque e soffocai una stretta al cuore, lasciandogliela. Avremmo poi dato sfogo a tutta la nostra fantasia e creatività, confezionando, con pezze di scarto e stracci, semplici bamboline di stoffa che avremmo animato, improvvisando, lì per lì, storie sempre nuove.

I miei giochi preferiti, però, erano altri: amavo la natura, le piante, gli insetti, collezionavo foglie, andavo a caccia di libellule bellissime in campagna e, la sera, mi incantavo a guardare le lucciole, mi occupavo quotidianamente dei miei pesci in lavanderia, con il ricambio dell'acqua e l'arricchimento del fondale, incrementandone il numero con la pesca continua anche per sostituire le morie.

Poi, oltre la recinzione dell'area, c'era l'orto di cui prendersi cura e ancora non posso dimenticare il gioco di tutti i bambini a nasconderci dietro le siepi, tra il verde rigoglioso, o nelle garitte dei carabinieri o negli anfratti più impensabili, mentre uno di noi faceva la conta a voce alta e, all'imbrunire, ti prendeva la paura delle ombre, ma, sopra a tutto, leggevo...

Coi quotidiani, papà acquistava in edicola per noi dei libretti illustrati che descrivevano le avventure tragicomiche di Tartarino di Tarascona, del cavaliere errante Don Chisciotte della Mancia, del leggendario barone di Münchausen, dei fantastici viaggi di Gulliver e di Robinson Crusoe, primo best seller in edizione a basso costo e capostipite del moderno romanzo d'avventura di quei classici della letteratura per l'infanzia che riteneva nutrissero la mente e corrispondessero ai suoi canoni di educazione rigorosa, improntata al sapere. Andavano a ruba tra noi.

Così i giorni scorrevano semplici e uguali, mentre mamma si occupava di tutto in casa, riuscendo persino a trovare il tempo di confezionare, a noi ragazzine, abiti graziosi con scampoli di tessuto.

È strano come non ricordi quasi nulla dei miei primi anni di scuola. La maestra di allora si chiamava Moro e lo ricordo solo perché la mamma ripeteva spesso il suo nome, andando a incontrarla di frequente.

Non ho idea di cosa si dicessero, so che in terza elementare cominciavo a distinguermi in lingua italiana, ecco, questo senz'altro deve essere stato un argomento di comunicazione e che questa comunicazione scorresse fluida tra loro elevava la maestra Moro a insegnante brava, rispettabile e umana.

Personalmente lei e la scuola non mi creavano alcuna emozione, eseguivo semplicemente quanto veniva richiesto, **mentre dentro di me il mio dialogo, fino a poco prima tanto fecondo, andava affievolendosi.**

«Quando nasci ci vedi benissimo, - scrive Igor Sibaldi - ma poi l'accesso al nostro meraviglioso archivio congenito, la lux vera, viene otturato da quello che ci insegnano gli altri, i tanti: a casa, all'asilo, a scuola, all'università al lavoro, alla televisione, in chiesa...».

Questo, infatti, era solo l'inizio della progressiva educazione all'addomesticamento del mio essere.

Alla soglia della quinta elementare venni mandata a Castelfranco Veneto, in provincia di Treviso, presso le zie, sorelle di mio padre, dove zia Lia, insegnante, si sarebbe presa cura di me e della mia istruzione. Frequentavo la scuola pubblica, ma zia Lia esercitava di fatto il ruolo di insegnante primaria, per non dire assoluta. Non sapevo allora cosa la spingesse a essere tanto inflessibile con me da rasentare la crudeltà.

Ogni sera, prima di cena, mi interrogava sulle materie di studio assegnate con l'orologio in mano. Se non fossi stata in grado di rispondere alle domande entro i tempi stabiliti e scanditi, ovvero immediatamente, lo studio doveva riprendere e la cena veniva rimandata fino alla prima successiva interrogazione da lei ritenuta soddisfacente.

Io ero docile, ubbidiente, sottomessa, ancora non sapevo cosa volesse dire una qualsiasi forma di difesa e di protezione di me stessa, incapace, come ora, di astuzie, opportunismi, inganni, menzogne e diplomazie. Magrissima, ero soggetta periodicamente a cure ricostituenti e allora, per la prima volta, mi erano state prescritte delle pillole, piccole in verità, da deglutire con acqua. Zia Mercedes, più accomodante, mi era venuta in soccorso, preparando un delizioso budino giallo, che avrebbe nascosto in cantina, cui ricorreva giornalmente con un cucchiaino insieme al quale la pillola sarebbe agevolmente scivolata in gola.

Un giorno, però, inaspettatamente, arrivò anzitempo, di ritorno da una passeggiata con l'immancabile amica Pillon, zia Lia che, scoperto l'inganno, repentinamente fece volare cucchiaio e budino nel lavello, sollevandomi da terra per i capelli mentre la signorina Pillon, con gli occhi sbarrati e senza proferire parola, s'irrigidiva come un manichino e zia Mercedes veniva redarguita a dovere.

Una sola volta zia Lia mostrò un moto di tenerezza: ma verso chi? Avevo visto al mercato degli anatroccoli nati da poco, teneri batuffoli gialli che mi avevano incantata. Zia Lia ne comperò cinque con l'ordine, però, che la sera dovessero essere ritirati in un angolo della terrazza coperta. Poco tempo dopo, invece, temendo soffrissero l'abbassarsi della temperatura, li introdussi di nascosto in sala dove, a una certa ora della notte, cominciarono a vagare, starnazzando rumorosamente.

Ci svegliammo tutti e, uscendo insonnoliti dalle rispettive camere, accendemmo le varie luci, vedendoli correre all'impazzata nella stanza. Non fu facile davvero scovarli e acciuffarli tra i mobili.

Il giorno dopo scomparvero.

"La spagnola" – Versi e musica di Vincenzo Di Chiara.

La spagnola

Di Spagna sono la bella
regina son dell'amor
tutti mi dicono: "Stella,
stella di vivo splendor".

Stretti stretti nell'estasi d'amor
la spagnola sa amar così
bocca a bocca la notte e il dì.

Amo con tutto l'ardore
a chi è sincero con me
degli anni miei il vigore
io fo ben presto veder.

Stretti stretti nell'estasi d'amor
la spagnola sa amar così
bocca a bocca la notte e il dì.

Sguardi che mandan saette
movenze di voluttà
le labbra son tumidette
puoi il paradiso toccar.

Stretti stretti nell'estasi d'amor
la spagnola sa amar così
bocca a bocca la notte e il dì.
Olè!

Io dormivo con zia Mercedes che, ahimè, amava preparare terribili creme a base di aglio, a suo dire efficacissime per qualsiasi dolore reumatico, con cui ogni sera si spalmava generosamente tutto il corpo. L'odore pregnante e acuto pizzicava in gola e invano cercavo di otturarmi il naso, nascondendomi sotto le coperte, finché riuscivo ad addormentarmi. In certi momenti invidiavo persino mia sorella Marisa che, pur condividendo la camera di zia Lia, non era soggetta a questo supplizio.

Il clima in casa era comprensibilmente austero e pochi, in verità, erano i momenti in cui noi sorelle ci abbandonavamo a sprazzi di allegria. Era allora in voga un classico della canzone italiana, *"La spagnola"*, di Vincenzo Di Chiara, più tardi nel repertorio di Gigliola Cinguetti e Orietta Berti. Marisa e io ci divertivamo a cantarla ben sapendo che laddove le parole esprimevano tutto l'ardore del sentimento con quel "stretti stretti nell'estasi d'amor" e poi quel "bocca a bocca la notte e il dì", ecco, qui il testo andava da noi prontamente modificato all'arrivo delle zie alle cui orecchie sarebbe suonato sacrilego.

Così ridevamo alle loro spalle, chiudendo loro la bocca prima che potessero aprirla, noi che ancora non conoscevamo nulla dell'amore! E, temo, neanche le zie direttamente, tutte zitelle. Solo zia Lia si sarebbe sposata molto tempo dopo.

Ebbene, avevo appena concluso la quinta elementare, e con successo naturalmente né sarebbe potuto essere altrimenti, che **altri già stavano preparando la prossima tappa della mia vita.**

Per le vacanze estive ero rientrata in famiglia e ancora ignoravo cosa mi aspettasse.

L'idea che proseguissi gli studi in uno dei sei Educandati d'Italia partì, a mia insaputa, da zia Lia che si dette da fare perché, grazie ai voti raggiunti, guadagnassi, mio malgrado, una borsa di studio per il Convitto San Benedetto di Montagnana, in provincia di Padova.

«L'Educandato San Benedetto costituisce un polo educativo che vive e opera da duecento anni esatti a Montagnana, ossia da quando, il 4 marzo 1811, Eugenio Beauharnais, viceré del Regno d'Italia creato da Napoleone I[...], ma le radici della sua missione affondano ancor più lontano, addirittura nel secolo XVI [...] insieme agli altri cinque, a Milano, Verona, Udine, Firenze e Palermo. Patrimonio di istituzioni educative, svolge ancora oggi la sua funzione che ha saputo rispondere alle sempre nuove esigenze della società e potrà evolvere nel futuro con iniziative e sperimentazioni» (da "Il San Benedetto", storia e vita dell'Educandato di Montagnana, Padova).

Con riferimento alla mia storia personale, **in seguito avrei sempre messo in guardia mia figlia da eventuali premi di merito!**

Mia madre, con mia sorella Marisa, la maggiore di noi, giunta a casa dal Veneto per l'occasione, si recò a Milano per far fronte al mio guardaroba, su cui io non ebbi voce, dopo di che venni accompagnata in Convitto qualche giorno prima dell'inizio dell'anno scolastico. Non c'era ancora nessuna educanda (questo è l'appellativo dato alle ospiti di un educandato) e l'istitutrice, cui fui affidata, mi mise al corrente del fatto che fossi la più piccola mai ospitata in quella struttura.

Tutto era grande e freddo all'interno, grande e silenzioso: i lunghi corridoi, i dormitori, i bagni, gli studi, la sala di ricreazione che si affacciava sull'ampio giardino interno circondato dalle alte e possenti mura medioevali. Anche i passi riecheggiavano freddi e secchi sul pavimento lucido delle stanze e sulle scale che le mettevano in comunicazione, accompagnandoci alla scoperta dell'ambiente.

Nel giro di qualche giorno arrivarono le quarantatré educande provenienti da ogni parte d'Italia, tra cui una sola coetanea, Aurelia Cantelmi di Sulmona, l'Aquila. Ci divisero tra i due piani in gruppi di ventidue e ci furono presentate le istitutrici che, a turno, ci avrebbero seguite per l'intero anno. Era loro compito accompagnarci in ogni momento della giornata: al mattino, quando appena sveglie ci preparavamo, durante la colazione che consumavano con noi, nello studio del pomeriggio, nelle pause di ricreazione e la sera, fino al momento di coricarci, obbligatoriamente entro una certa ora anche quando avremmo richiesto un tempo superiore per terminare i compiti.

La scuola, come la chiesa, era annessa all'istituto attraverso un lungo corridoio e frequentata anche da esterni con classi miste. Negli intervalli le educande, cui aspettava il posto in prima fila in classe, erano tenute a rientrare in Educandato, regolamento da noi sentito come volontà di creare un certo distacco tra la vivace realtà del mondo esterno e gli angusti spazi del nostro mondo interno: forse per un eccesso di protezione o, più semplicemente, per il rispetto di regole ferree?

La preside della scuola, Prof.ssa Margherita Savoia, era anche la direttrice del Convitto. Condivideva con noi la sala da pranzo durante il quale, silenziosa e austera, passava tra i tavoli da quattro, penetrandoci con lo sguardo e osservando e correggendo la posizione dei gomiti, le schiene non erette, il giusto uso delle posate, l'ordine della persona, il nostro viso acqua e sapone, quasi non fosse mai così autenticamente acqua e sapone come doveva essere e volesse scrutarlo per metterti a nudo fino a leggerti l'anima.

Era imbarazzante per me che ne sfidavo l'attenzione non senza un disagio profondo, domandandomi il perché di quel rivestimento di durezza e di alterigia e se fosse in grado di vedere davvero tanto era umanamente inavvicinabile.

Ora, che cosa può fare una "piccola" in un gruppo di grandi se non imitarli?

Non io, ma molte rientravano a casa il fine settimana e, al ritorno, portavano con sé qualcosa con cui gingillarsi di nascosto. Quella volta fu una pinzetta per le sopracciglia. Mi intrufolai in mezzo a loro e le guardavo nei bagni, davanti allo specchio, correggerne furtivamente la linea con lo sguardo diviso nel lungo corridoio a impedire l'arrivo imprevisto di un'istitutrice.

Anch'io, che ancora non avevo mai visto uno "strumento" del genere, divenuto un'arma nelle mie mani inesperte, volli provare a usarla e dovetti fare proprio un bel lavoro se il giorno dopo, a colazione, la direttrice notò subito la mia opera d'arte. Immediatamente, con fare minaccioso, declamò che avrebbe informato mio padre. Non avrebbe potuto sollevare uno tsunami più grande. Per quanto fosse un'iniziativa crudele, non poteva certo immaginare quanto e quali conseguenze avrebbe generato la sua rigidità.

Mio padre non ammetteva la più piccola debolezza femminile e men che meno dal punto di vista estetico. Quell'episodio, di cui venne davvero a conoscenza, interruppe per sempre il nostro rapporto, già di per sé appena in abbozzo, nonostante quella specie di predilezione per questa sua figlia, peraltro avvertita, e con un certo fastidio, più dagli altri che dalla sottoscritta. Non ci saremmo parlati mai più.

In un'altra circostanza venne introdotto da fuori un libro, "*La ragazza di Bube*", romanzo con cui Carlo Cassola si aggiudicò il premio strega nel 1960, anno della pubblicazione, e da cui, nel

1963, venne tratto il film di Luigi Comencini con Claudia Cardinale. Forse imperniato su una vicenda realmente accaduta, tratta dalla biografia di Nada Giorgi, interpretata dalla protagonista Mara, descrive, sullo sfondo della guerra civile e del dopoguerra, lo sviluppo personale della giovane attraverso il cammino del dolore e del sentimento d'amore che matura gradatamente per Arturo, eroe della resistenza, detto Bube, «perché - scrive Cassola - la ricerca della verità degli uomini viene prima di ogni interpretazione della realtà».

Proprio il tema dell'amore rendeva questo libro proibito e peccaminoso all'interno del collegio. Nascosto negli armadi, sotto i vestiti, ce lo passavamo e lo leggemmo a turno, sorridendo per quanto riuscissimo a sottrarci agli occhi delle assistenti.

Non potei invece impedire che un ignaro temerario mi spedisse incautamente una graziosa cartolina con un neonato a mezzo busto in una vaschetta d'acqua per il bagnetto. Fui convocata in direzione dove la Dott.ssa Savoia, scandalizzata e sempre con fare minaccioso, mi sventolò con forza sotto il naso l'immagine impudica che, senza ritegno, era stata inviata, sottraendomela prima che potessi leggere le poche righe che riportava.

Fu in seconda media che esplose la mia segreta simpatia per Eugenio Miotti, uno studente esterno, e sentivo che, senza parlare, perché non ci parlammo mai, era reciproca. Mi parve di osare molto disegnando la mia mano su un foglio e passandoglielo, con la complicità del suo compagno di banco che ci separava, perché apponesse, sul retro, la sua mano sulla mia! E fu tutto.

È vero che il pensiero di lui, sempre certa di essere corrisposta in segreto, mi accompagnava nelle giornate prive di affetti, ma era un puro fantasticare di bimba che, per la prima volta, credeva di assaporare l'amore.

A differenza di coloro che ricevevano visite dai familiari il fine settimana o, addirittura, rientravano a casa per ritornare in istituto il lunedì mattina, io vi mettevo piede a settembre e ritornavo a casa solo in giugno, per le vacanze estive, che volavano in un soffio, senza mai ricevere visita alcuna in quei lunghi anni di permanenza lontana da tutti, all'infuori di poche e stringate lettere di mia madre, sempre uguali.

Sapendo che era necessario, a volte inseriva qualche soldo per le piccole spese personali (sempre cinquecento lire), pochi davvero che dovevo farmi bastare fino allo scritto successivo che tardava sempre ad arrivare. Capivo che non poteva fare di più. A casa c'erano tre fratelli, altri due fuori e tante cose da fare, e poi sapevo che solo papà, padre padrone, gestiva parsimoniosamente le finanze anche per quei progetti futuri per la famiglia che sarebbero venuti alla luce poco dopo.

Così non solo la giustificavo, ma quelle poche righe riuscivano, per giorni e giorni, a riempire il vuoto di un'assenza totale. Dopotutto non poteva sapere quanta parte di me soffrisse in quell'abbandono, perché non l'avevo mai manifestato apertamente, soffocandolo persino a me stessa. Non chiedevo niente, non mi lamentavo mai e nemmeno mai, se non molto tempo dopo, avrei raccontato di quel disagio che avrebbe lasciato in me conseguenze pesanti negli anni a venire.

Dunque la lontananza, insieme alla mia crescita, richiesero che mia madre spedisse un taglio di tessuto perché mi venisse confezionato un abito. Era una stoffa di cotone con tutti gli ortaggi dell'orto, assolutamente lontana dai miei gusti, ma ormai non era più importante come in passato, perché mi ero assuefatta a che mai, neanche una sola volta, fosse stato preso in considerazione il mio sentire e poi, visto il luogo in cui mi trovavo, dovevo sapermi gestire con coraggio e non c'era più posto per frivolezze.

La sarta designata per l'opera fu la mamma del compagno di banco di Eugenio! Dopo una prima prova a casa sua, accompagnata dall'istitutrice, ella ebbe la singolare idea di risparmiare l'uscita all'istituto, ricorrendo, per la seconda e ultima prova, a suo figlio.

Quando lo seppi, mi sentii profondamente ferita in quella femminilità che, peraltro, mi era stato vietato sentire. Oggi il ricordo mi fa sorridere. Come potesse stare il mio abito, arricciato in vita, con le maniche a sbuffo e un grande fiocco davanti, addosso a un ragazzo, era ed è inimmaginabilmente buffo pensarlo. E come il figlio stesso si fosse prestato e si fosse a sua volta sentito, sarebbe stato curioso sapere.

In quegli anni tutte le classi dell'istituto, e forse anche altre scuole, erano tenute a svolgere il tema sulla futura "Europa unita" e il migliore veniva premiato. Dopo il primo anno, quel compito venne assegnato solo a Eugenio e alla sottoscritta che primeggiavamo in tutto il Convitto in lingua italiana. Alle superiori il Prof. Sammarco, grande, caro e indimenticabile insegnante di italiano, avrebbe conservato i miei temi per sottoporli, più avanti, alla lettura di suo figlio, poco più giovane di me.

Mi era facile scrivere e anche parlare d'amore senza averlo provato e descrivere minuziosamente la natura dell'essere umano senza conoscere neppure me stessa, sulla scia di una sensibilità sottile e profonda che mi proiettava oltre la mia stessa età.

L'ispirazione era così forte e chiara quasi non venisse da me, almeno non del tutto, ma fosse frutto di una guida superiore o di un sentire innato che bastava estrarre dalla memoria e trascrivere.

«È un dono di natura» declamava agli altri il Prof. Sammarco.

Negli ultimi anni imparai ad amare il latino, leggendolo con la cadenza della poesia grazie all'insegnamento del Prof. Ferdinando Camon, poi scrittore amatissimo, alla cui prosa mi ispiro come modello, così essenziale e scarna, ma vibrante di quella sensibilità sottile che mi appartiene e in cui mi riconosco, e carica di quell'ironia gentile e affettuosa che esalta la semplicità di un animo tanto ricco di umanità da rasentare l'eccessiva modestia.

Vincitore del Premio Strega nel 1978 con *"Un altare per la madre"*, scritto e riscritto diciannove volte, dice:«Il Premio Strega, che è un premio-monstre, è molto sensibile al potere dell'editore e poco al valore del libro». E più avanti: «Non sono più tornato allo Strega. Non ho mai fatto da padrino a nessun autore. Non mi piace l'ambiente e chi lo frequenta. I libri, il loro destino, la loro importanza e la loro durata sono un'altra cosa. I premi non aggiungono nulla ai libri».

E convengo che è la qualità del libro a dargli vita e durata oltre e indipendentemente dal premio che, però, può dare voce e importanza alla sua diffusione, perché così va il mondo.

La strada per diventare scrittore era lontana dalla miseria della casa di campagna in cui era nato, tra quella civiltà contadina di cui dirà a Pasolini che non c'è nulla da conservare, eppure confida: «Disperatamente bravo a scuola [...] sapevo, già dalle medie, che sarei stato uno scrittore» e poiché, figlio di contadini, non riesce a convincersi che una cosa importante, come un libro, si possa scrivere senza fatica e che, dunque, non sia un lavoro, quando ha finito un capitolo si mette le cavigliere di piombo ai piedi, quelle che i giocatori di pallacanestro usano per allenarsi, e cammina di notte per la città finché si sente sfinito. Allora torna a casa. «Solo così – dice - mi sembra di aver fatto un vero lavoro, come faceva mio padre, e solo così posso addormentarmi».

In verità era stato proprio il padre a spegnergli l'orgoglio di scrivere con poche parole: «Senti, figlio mio, io lavoro nei campi dalla mattina alla sera, acqua o vento, e tu che fai?» E quando gli rispose: «Scrivo», di rimbalzo lo apostrofò con un: «Non ti vergogni?»

Quella domanda ritornava ogni tanto, come non fosse mai stata fatta o fosse un tarlo insistente a suggerirla e aveva un seguito sempre uguale: «E cosa scrivi? Romanzi? Su chi e su che cosa? Sbagli! **È un lavoro insensato, nessuno ha bisogno di sapere cosa fa mentre vive**».

Questo, in qualche modo, gli ripeteva il padre persino negli ultimi giorni prima di morire, quel padre per il quale e in memoria del quale ha scritto appunto un libro dolcissimo, *"La mia stirpe"* (Premio Letterario "Città di Vigevano"), il racconto dell'immortalità attraverso la specie, non l'immortalità foscoliana dei grandi e forti, ma dei piccoli e deboli, perché **"scrivere - afferma - è più che vivere"**.

E forse è vero, anche se "il libro è carta e le persone sono anima", si trovava a puntualizzare quando le interviste, senza saperlo, mettevano il dito nella piaga degli affetti feriti proprio per il suo descrivere, per tutta la vita, la realtà cruda degli ultimi, degli emarginati da cui proveniva, che non vuole essere rivelata e che offendeva la sua famiglia che da lui si sentiva disonorata. **E la famiglia è più importante di un libro.** Questo era il più macerante dei rimpianti con cui convivere.

Da un punto di vista culturale, però, dice anche: «Il fatto è che il mondo colto, il mondo accademico, il mondo urbano fa fatica a ritenere che parlare di civiltà contadina significhi fare cultura. Ritengo, invece, che quella contadina sia una cultura profondamente autentica, di cui ho tentato una descrizione sempre fedele e veritiera, talvolta crudele, non edulcorata e sperabilmente duratura, perché la sua memoria vada preservata per le future generazioni che devono sapere con chiarezza cosa è stata».

Ferdinando Camon è uno dei rari "classici" viventi, **uno degli scrittori italiani più grandi**, un maestro che rifugge vivaddio dal ruolo (chiedo agli esordienti di non rivolgersi a me e di non credere che gli editori rifiutino un esordiente in quanto tale, perché, in realtà, vanno in cerca di un buon esordiente), un intellettuale libero, ignifugo alla vanità, un appartato, un solitario, riservato e attento opinionista di tanti quotidiani **che ha attraversato il Novecento con estrema discrezione e timida eleganza nonostante il grande successo** (Commenti de *Il Foglio*, *La Stampa*, *Avvenire*, Andrea Pasqualetto de *Il Corriere della Sera*...).

I suoi libri, amati in tutto il mondo, sono tradotti in venticinque lingue.

Camon: «Io, diseredato per l'altare a mia madre»

Il Prof. Ferdinando Camon.

Parlare di lui come professore non è semplice. In primis si può dire che era un insegnante più che diverso e non tanto per lo spessore culturale che trasferiva e ti incantava, quanto per la percezione di come quella cultura avesse nutrito la sua anima come cibo e gli parlasse e lo emozionasse, dando vita a un dialogo a due che poteva anche escluderci.

Sembrava infatti parlare a sé stesso prima che a noi, perché il suo sentire era così assorbito dal messaggio, che trasferiva con nonchalance e sicurezza, da lasciarti libero di accoglierlo e condividerlo, come di rifiutarlo e respingerlo. Ma...a quel punto era un problema tuo se non partecipavi al piacere!

C'era musica in lui ed ecco il latino come poesia. Aveva il carisma della personalità spiccata che si staglia sul mondo da cui vorrebbe non essere infastidito con falsi problemi, ipocrisie e ingiustizie, ma, nello stesso tempo, non può non penetrarlo e occuparsene perché ne è parte e, comprendendone le debolezze fin nelle viscere, si lascia prendere da un senso di infelicità mai superata. Del resto, proprio il mondo reale, la vita reale, l'uomo reale sono il tema dei suoi scritti.

Nel 2006 Piero Fassino ignorò Camon come candidato al senato per il PD. «Volevo far fruttare la mia conoscenza del mondo della scuola, avendo insegnato a tutti i livelli, - racconta Camon - invece è rimasto un desiderio incompiuto». Fassino riservò la candidatura ad Anna Maria Serafini, sua moglie.

Mentre scrivo, sento che sta arrivando una chiave di lettura nuova del tempo trascorso in quel luogo di prigionia, quasi bastassero esperienze di questo genere a cancellare tanti vuoti e a dare lustro e onore a quei giorni, improvvisamente preziosi.

Il fatto è che oggi non sei la bimba di ieri né l'adolescente che avrebbe voluto sognare giorni più lieti, e solo quando la vita ti ha insegnato tanto, sai che puoi aprirle le braccia, la mente e il cuore e, nell'abbandono, lei, saggia, seleziona per te la memoria più giusta del momento, elaborata alla luce della tua consapevolezza acquisita e così, tra le pieghe del dolore, emerge la bellezza che nascondeva e che ora sai leggere.

Ma la bambina di un tempo come poteva?

Agli esami di stato venni ammessa con i voti più alti dell'Istituto, ma avevo vissuto di rendita negli ultimi due anni e fui promossa con un unico voto alto, in pianoforte, con il Notturno di Chopin op. 9 n. 2. Mentre la promozione mi assicurava il rientro a casa, il voto in pianoforte testimoniava che avevo disubbidito a mio padre che lo aveva proibito come distrazione allo studio, ma in questo anche la direttrice aveva disubbidito, perché un'educanda che desse sfoggio di questa abilità, appresa in Istituto, dava lustro al Convitto.

RIEPILOGO DEL CAPITOLO 3:

- SEGRETO n. 1: con quali occhi guardi oggi agli anni della tua adolescenza?
- SEGRETO n. 2: quanto ha influito l'educazione ricevuta sul percorso della tua vita?
- SEGRETO n. 3: qual è stato l'ostacolo maggiore o l'aiuto più grande che l'educazione ricevuta ti ha apportato?
- SEGRETO n. 4: quali erano le tue passioni di allora e quali quelle di oggi?
- SEGRETO n. 5: quali insegnamenti ricavi dall'impostazione data alla tua educazione?

La bolla d'oro

Questa meditazione è semplice e leggera come un gioco, ma meravigliosamente efficace.

Cerca il tuo luogo privilegiato per abbandonarti a te stesso/a e assumi la posizione più comoda per te.

Chiudi gli occhi e rilassa il corpo, partendo sempre dalle

estremità per salire lentamente fino al capo, mentre respiri lentamente e profondamente. Senti l'aria che entra ed esce... è l'anello che unisce il dentro al fuori.

Pensa a qualcosa a cui tieni in particolar modo e che vorresti si realizzasse. Visualizza il tuo desiderio il più chiaramente possibile e arricchiscilo di tutti i particolari che lo definiscono. Vedilo e sentilo come già realizzato. Percepisci e vivi il piacere e la gioia che ti investono.

Noi siamo luce creativa in movimento e rivestiamo il nostro desiderio con la visione dell'energia della realizzazione affinché ci porti la sua manifestazione.

Circonda il tuo desiderio di luce e inseriscilo in una bolla d'oro luminosa che affidi all'universo.

L'oro è il colore più prezioso, espressione della luce.

Mentre il tuo desiderio nella bolla d'oro fluttua nello spazio, caricandosi di energia, seguilo con il cuore che plasma la sostanza dei sogni per portarli alla loro realizzazione.

Mantieni il silenzio, perché parlare dei miracoli dissipa l'energia che li realizza.

Comportati sempre come se ciò che desideri si fosse già realizzato e sii pronto a cogliere i segnali che il potere ti invia per fornirti istruzioni utili al conseguimento di quello che desideri. Non sai da che parte e attraverso quali vie ti possano arrivare, perciò sii aperto, senza attaccamento, ma fiducioso/a.

Non limitare l'orizzonte delle tue attese. Più fiducia riponi nel potere dell'universo, che è espressione anche del tuo potere, tanto più l'energia sarà incoraggiata a recapitarti il suo dono, perché **"i miracoli non sono un dono di Dio, sono una parte di ciò che tu sei che è Dio"**.

Capitolo 4:
È facendo che impari come si fa a fare

Sono onnivoro di sentimenti, di esseri,
di libri, di avvenimenti e di battaglie.
Mi mangerei tutta la terra, mi berrei tutto il mare.
Pablo Neruda

Il conseguimento del diploma poneva fine al collegio e dava inizio al mio rientro in famiglia, in una casa nuova e in una località nuova. Anni prima mio padre aveva acquistato un terreno a Castelfranco Veneto, in provincia di Treviso, sua cittadina natale, in previsione di costruirvi la casa per noi e la sua residenza ultima.

Era un suo disegno che non aveva comunicato e che, in seguito, mia madre avrebbe contestato, perché rifiutava ostinatamente l'avvicinamento alle sorelle di mio padre. Lui, però, aveva deciso e, a cose fatte, dovette arrendersi: entrò, per ultima, in una casa arredata di tutto punto che, finalmente, accoglieva tutti a esclusione del primo di noi, Arturo che, completati gli studi, lavorava a Milano.

Ammettiamolo, papà aveva realizzato, in silenzio, un'opera assolutamente apprezzabile. La casa, a due piani, era grande, spaziosa, luminosa e funzionale, con un ampio giardino recintato tutto intorno in cui, anni addietro, aveva fatto piantare le palme che amo e diverse piante da frutto ormai cresciute.

Il piano superiore era occupato, per metà, da un'ampia terrazza che richiamava quella della palazzina della Rai che, evidentemente, mio padre conservava nel cuore e aveva voluto, pensando a noi ragazze. Ci andavamo a leggere, a studiare e a prendere il sole d'estate, in costume.

Poiché si affacciava sul convento dei Padri Bianchi, missionari d'Africa, per nasconderci alla loro vista, papà aveva allestito un enorme paravento, instabile per il peso, che anche la minima folata di vento immancabilmente faceva cadere.

Io arrivavo quando ormai i miei si erano ambientati e le mie sorelle si erano create ciascuna la propria cerchia di amicizie. Non eravamo cresciute insieme e ora, ormai grandi, senza uguali radici, eravamo mondi separati, estranee l'una all'altra e lo saremmo state sempre sotto l'apparente superficie. Per me, poi, la novità non era la casa e il luogo nuovo da esplorare, ma la scoperta della vita.

Mi guardavo attorno assetata di vita. Dopo un lungo tempo di internato, a diciannove anni, come un pulcino appena uscito dal guscio, muovevo i primi passi "da grande" con un'emozione e un senso di liberazione che avevano il sapore del miracolo. Pur nel rispetto delle ferree regole familiari, questa sensazione non poteva essermi sottratta e, pur non avendo ali, mi sembrava di volare.

I miei non sapevano e non potevano capire. Percepivo questo distacco, ma non aveva importanza. Dopo anni di repressione, era fortissimo il richiamo a me stessa, il bisogno di sentirmi, di manifestarmi, di aprirmi al mondo e mi muovevo con una freschezza, una naturalezza e un candore che conquistavano.

Tuttavia quel tempo vissuto in prigionia mi restituiva alla vita, nuda, e avrei impiegato molti anni prima di comprendere che lo sforzo di accettazione di quella realtà, a cui non c'era scampo, aveva creato, inconsapevolmente, un gelo profondo a difesa del sentire.

Mentre ero onnivora di tutto, vivevo con una buona dose di distacco da tutto, credendo di poter cancellare, indenne, un pezzo della mia storia in favore della vita.

In casa tutti studiavano e anch'io programmavo la mia iscrizione all'università. Per quel rapporto reciso con mio padre, volevo affrontare ogni cosa contando sulle mie sole forze. Pensai così di iniziare un qualsiasi lavoro per iscrivermi poi. Cominciai subito a dare ripetizioni e a insegnare in una scuola per Direttrici di Comunità, la prima in Italia, a Castelfranco Veneto, e in una terza media serale per adulti: avevo diciannove anni, il mio studente più giovane ne aveva ventitré, il più anziano quarantotto.

Tutti superarono gli esami, guadagnandosi uno stato di avanzamento nella posizione lavorativa che era poi la ragione del corso di studi. Avevo previsto il tema d'italiano che fu assegnato:

l'assassinio di Kennedy. E l'avevano svolto con me. Uscii da quell'esperienza arricchita delle storie e dei sogni dei partecipanti, persone semplici e vere, alcuni padri di famiglia desiderosi di migliorare le sorti di vita loro e dei loro cari.

Mi iscrissi così a Lettere l'anno dopo, pagando la mia retta d'iscrizione di diciassettemila lire. Ero fiera di me. Quel ritardo, però, mi isolava dai possibili contatti di studio con le compagne di scuola del collegio, dando inizio a un percorso solitario dove il richiamo all'esplorazione, alla sperimentazione e all'accoglienza della vita prevaleva su tutto.

Alla festa delle matricole di allora andai indossando un tubino verde di mia sorella Elena che mi stava d'incanto.

Quell'occasione mi aprì alla conoscenza di Renzo, appartenente a una delle famiglie del luogo più conosciute, che, di lì a poco, si sarebbe introdotto in casa, a sorpresa, con uno splendido esemplare di fagiano, sua preda di caccia in jugoslavia, adagiato in un cesto di vimini tra il radicchio variegato di Treviso, accolto calorosamente da mia madre e scrutato a distanza da mio padre.

Renzo era appena entrato nella mia vita con ferma determinazione e ora, con questa abile mossa, si autoinvitava al pranzo di due giorni dopo, quale ospite di riguardo, per condividere la cacciagione. Era un uomo fatto e con lui mio padre tratteneva a stento, per il senso di rispetto che gli incuteva l'età, la ferrea volontà di contenere al massimo, per non dire addirittura proibire, potendo, la presenza maschile accanto alle sue figlie.

Contemporaneamente, poiché l'uomo aveva ormai compiuto il suo ingresso in casa, e appunto aveva l'età, mi fu fatto sentire che quella circostanza avrebbe dato il via ufficiale a un fidanzamento a cui non ero preparata.

Quando diedi i primi esami sulle Comunità Rom e poi sulla riforma della commedia dell'arte di Goldoni, con il massimo dei voti, mi accorsi che mio padre, senza proferire parola, ne era però soddisfatto. Qualche giorno dopo sarebbe entrato nella mia camera mentre studiavo e, in silenzio, avrebbe lasciato sulla mia scrivania un sacchetto di caramelle.

Io non avrei alzato la testa dai libri.

Presto, e per molto tempo, ricordando questo momento, avrei pianto.

Mio padre morì improvvisamente poco dopo, d'infarto, lasciando sei figli, tutti impegnati negli studi, e tante cose in sospeso, compresa una seconda casa in costruzione. Doveva averla decisa quando, rassegnato all'idea che prima o poi ci saremmo sposati, deve aver pensato di poterci trattenere comunque vicini.

Come sempre, non ci aveva reso partecipi di nulla.

Nemmeno mia madre era al corrente dei conti per questi lavori, ora incompiuti, e non sapeva dove trovare e come riordinare le tante carte e venire a capo di pagamenti effettuati e non. Fu allora che Renzo prese in mano le redini della situazione e, a poco a poco, risolse ogni cosa. E fu così che in me nacque un sentimento di profonda gratitudine per quell'uomo generoso, attento, sensibile ed esperto della vita che divenne nel tempo il mio pigmalione, mantenendo sempre un atteggiamento di rispetto, stima e totale amore nei miei confronti, talvolta premendo su un matrimonio desiderato che io non riuscivo ad affrontare.

Seppi poi che, solo qualche giorno prima di morire, mio padre aveva confidato a un nipote prediletto, Giuseppe, il cugino più caro, di aver sbagliato tanto con me e di non sapere come rimediare all'errore. Ecco, allora, e non al suo funerale, piansi tutte le mie lacrime per giorni e giorni, inconsolabile per non aver saputo leggere, sotto la dura corazza del suo abito esteriore, l'incapacità di manifestare quell'amore di cui era stato a sua volta privato e che l'aveva allontanato dai suoi stessi figli, ma che, se compreso, sarebbe potuto emergere e illuminare, come un raggio di sole, un'intera vita solitaria dedita totalmente alla famiglia.

Sottraggo le parole a Ferdinando Camon quando, in *"Un altare per la madre"*, ricorda la madre morta, e le rapporto a lui, a mio padre: «Aveva lasciato tante cose per essere ricordato, ma quand'era vivo nessuno ci pensava, era come non ci fosse, ognuno viveva la sua esistenza». Adesso quelle cose venivano notate e, rivestite del suo amore per noi, prolungavano la sua vita.

Quando, a tre anni di distanza dalla scuola, bandirono il concorso per insegnante di ruolo, non potevo non parteciparvi dato che due sorelle, Elena e Claudia, si sarebbero preparate. Lavoravo tanto e avevo solo quindici giorni di tempo per studiare. Non potevo farcela. Lo superammo tutte. Iniziai a insegnare fuori paese e, sempre in fretta, presi la patente di guida per raggiungere la sede di lavoro, Possagno, patria del Canova.

Mi piaceva insegnare e insieme a mia cugina Marcella, più che insegnante, educatrice di tanti studenti ed ex staffetta partigiana con l'amica Tina Anselmi, poi onorevole, sperimentavo con successo percorsi innovativi, all'avanguardia.

Ero completamente assorbita dai molti impegni che mi ero costruita intorno e proprio marginale era il tempo che riuscivo a ritagliare per muovermi nel bel mondo della borghesia castellana in cui mi aveva introdotta Renzo. Mi sentivo estranea a quell'ambiente dove l'abito e una vita leggera la facevano da padrone.
Mi lasciavo invece trasportare dal sentire le mie corde per la bellezza delle cose che contano, l'amore per la vita priva di orpelli e ricca delle sue onde di flusso e riflusso, la dedizione al mio lavoro, il contatto umano, prodigandomi senza risparmio.

Persino mia madre a volte rimproverava quello che le appariva una continua rincorsa affannosa quasi mi mancasse il pane per vivere.

Senza esserne consapevole, il mio essere esigeva di recuperare una fetta di vita non vissuta e si abbeverava alla fonte di tutto, non a sorsi, a canna, eternamente assetato di esperienze che mettessero a frutto l'insaziabile spinta a scoprire, conoscere, sperimentare.

Mentre nell'infanzia ero tutta raccolta dentro ed estranea al fuori, ora ero interamente proiettata al fuori e poco al dentro.

Solo i sogni si agganciavano al non risolto, al sepolto, alle segrete sotterranee. Forse era proprio in quei sogni che avrei dovuto scavare per portare a galla la parte di me che si era dovuta seppellire e che ora volevo ignorare, credendomi finalmente libera di godere di quella vita che mi era stata sottratta, dimenticando le mie radici.

Che importanza potevano avere ora gli incubi ricorrenti della prigionia del collegio, delle oppressive regole paterne, della sottomissione alle zie, dell'abbandono dell'infanzia durante cui pezzi di me si erano persi per strada? Ora ero libera, ora ero grande e avevo imparato a difendermi, ora ero padrona della mia vita e sapevo gestirmi, ora volevo solo rifarmi del tempo perso, dimenticando "il me" tanto bistrattato e sepolto come si potesse essere sé stessi solo in parte.

Un frutto a metà si secca e va a male, una storia a metà non è niente, non è una storia... **ma la vita stava provvedendo, indirizzandomi verso altri porti.**

Il campanello si fece sentire quando cominciai ad accorgermi che qualcosa di indefinito si stava avvicinando, qualcosa che mi lasciava addosso un senso di malessere, più interiore che fisico, che non riuscivo a leggere, ma che si faceva sempre più frequente e insistente.

Ricordo che mi recai da un medico che non conoscevo, ma che mi parve saggio, oltre che assolutamente rassicurante. Poiché non si era ancora manifestato un problema, ma solo la sensazione di qualcosa che sarebbe potuto essere, dopo avermi ascoltata, concluse che me ne andassi tranquilla, perché stavo meglio di lui.

E si espresse con la solarità e l'affabilità di un amico, tanto da farmi sorridere e allentare i fantasmi. **Ancora ignoravo che riuscissi a prevedere gli eventi! E, poco tempo dopo, quel qualcosa si manifestò all'improvviso, come un fulmine a ciel sereno, violento, aggressivo, brutale...**

Quella mattina avevo assegnato ai ragazzi un compito in classe e, mentre scrivevano nel silenzio assoluto, guardavo al di là dei vetri chiusi senza vedere, quando mi sentii colpita da qualcosa di sordo e forte e mi sentii mancare. Attesi la fine dell'orario scolastico per uscire e portarmi direttamente all'ospedale di Camposampiero, in provincia di Padova. Descrissi l'accaduto, mi sottoposero subito a esami di accertamento dopo i quali dichiararono la necessità di un immediato ricovero di quindici giorni per un tentativo di cura.

In uno stato confusionale, andai a casa a raccogliere le poche cose necessarie e tornai subito in ospedale. Non ebbi nemmeno il tempo e le forze di raccontare l'evento e anche in seguito non l'avrei mai raccontato del tutto, né i miei, abituati alla mia irrefrenabile energia, avrebbero dato, in quel momento, il giusto peso al racconto.

Così venivano a trovarmi nei giorni a seguire, in parte ignari della gravità della cosa. Con loro veniva a trovarmi anche lui, Livio, quel giovane conosciuto "per caso" poco tempo prima, con cui avevo scambiato poche parole mentre, in una giornata di sciopero della scuola, correvo a raggiungere il mio fidanzato nel suo ristorante bar Tea Room a Padova, di cui Livio era un frequentatore, abitando in quei pressi.

Chi avrebbe potuto immaginare, in quel frangente, il senso di quella conoscenza, l'incontro del destino, l'inviato in aiuto, "perché - mi fu detto poi - attraverso lui scoprissi, nel tunnel del buio, i filoni d'oro del sapere"?

Solo in seguito avrei capito, ma, in quel momento, mi faceva tenerezza quella presenza impacciata con i calzoni alla caviglia, confezionati dalla madre, e quel mazzo di fiori di campo avvolto in una pagina di giornale! Ci sono immagini che rimarranno per sempre indelebili nella memoria e che raccontano, da sole, una storia intera.

E ancora, chi avrebbe detto che quel ragazzo, inizialmente

rifiutato, avrebbe avuto non solo quel ruolo di punta nella mia vita, ma sarebbe stato in grado di trasformarsi in un giovane brillante e carismatico, capace di mettere a frutto, con semplicità e naturalezza, i tanti doni di cui era dotato?

Mi dimisero prima dei quindici giorni preannunciati, perché non davo segni di miglioramento, concludendo che era inutile continuare, anzi, permaneva uno stato di instabilità che lasciava pensare al peggio.

Le parole con cui l'intera équipe medica, con primario in testa, venne ad annunciarmi il verdetto, sono rimaste vive ed esatte, incancellabili nel ricordo: non mi restava che godere dei pochi attimi che la vita mi avrebbe riservato perché... e seguì l'elenco di una serie di avvenimenti, che tralascio per un senso di profondo rispetto per me stessa, che avrebbero decretato la risoluzione della mia vita. Avevo poco più di vent'anni.

In quel momento ero sola, avevo ascoltato il responso in silenzio, attonita, poi, come nella scena di un film dell'orrore, lanciai, con tutto il fiato a disposizione, un «Noooooo...!» così alto e forte e prolungato che le onde di quell'eco devono aver raggiunto l'intera struttura. Disfatta, raccolsi le mie cose e, da sola, in macchina, tornai a casa.

Mi sottoposi subito a due verifiche in due ospedali all'avanguardia nella cura di episodi simili, rispettivamente in Liguria e in Toscana, ma fu tutto inutile, come mi avevano avvertita, anzi, le prove che effettuavano su di me mi irritavano e aggravavano le mie condizioni.

Il buio totale mi si apriva davanti. Cercai affannosamente il contatto, seppure a distanza, con persone vittime di un problema simile al mio col risultato di immergermi più profondamente nella disperazione, stato che dovevo evitare per cercare di reagire e lottare. Non vedevo vie di uscita, ma sentivo che non potevo sopravvivere in quelle condizioni.

Chiesi alla scuola un lungo periodo di aspettativa. Il giorno dei saluti di commiato si raccolse intorno a me l'intero paese, col parroco in prima fila, a cui avevo dedicato una poesia in una manifestazione scolastica recente, chiedendomi dove mai andassi, perché c'era bisogno di persone come me. Smarrita, mascheravo alla meglio la mia condizione.

Rientravo a casa sapendo di dovermi arrendere a strade nuove che non conoscevo né ne avevo mai sentito parlare e alle quali non mi sarei mai avvicinata se non mi fossi trovata in quelle condizioni estreme e se qualcuno non si fosse offerto di aiutarmi, accompagnandomi passo passo.

Abbandonavo così la mia vita, iniziata da poco, per affrontare l'ignoto, qualunque fosse. Lasciavo Renzo, tutti e tutto e mutavo persino il mio aspetto esteriore, adottando un abbigliamento informe ed essenziale.

Non c'era stato tempo per i sogni, infranti ancora prima di nascere!

Livio sembrava conoscere le cosiddette strade alternative alla medicina ufficiale per aver vissuto personalmente esperienze che avevano sviluppato la sua sensitività. Senza chiedere nulla, se non la sua amicizia, mi accompagnava, a giorni alterni, nei miei pellegrinaggi a Brescia, Bergamo, Milano, Genova, Torino, Roma…, a volte sorreggendomi, tanto mi ero indebolita.

Per molto tempo, per anni, non vidi che malati intorno a me tra cui ero solo un numero tra i numeri, con poche speranze se non la sensazione che dovessi cercare, non arrendermi mai, ma perseverare e, soprattutto, **credere nel mio ostinato volere qualcosa che sarebbe scaturito da quelle ricerche** e che, nello scorrere del tempo, non avrebbe riguardato più la sola possibile guarigione in sé, ma un'apertura più ampia: **la scoperta di una terra nuova.**

«Il volere è l'unico impulso da cui provengono le domande. - scrive Igor Sibaldi - È come l'appetito, la sete, il sonno o il desiderio sessuale, è un vento che ti dice: fidati di me, ti porterò dove mi comandi perché sono più grande di te, posso muovere la tua intelligenza, il tuo intuito, tutta quanta la tua vita e tantissime circostanze intorno a te».

Di fatto, però, cercavo fuori di me, perché l'educazione ricevuta aveva assopito quel centro da cui, bambina, ricevevo

segnali, risposte, forza e coraggio.

In aggiunta, ora, la scoperta della vita aveva catalizzato ogni parte di me: vista, cuore, mente... Mi nutrivo di aria, di sole, di natura, aleggiando sopra le cose come l'uccello che, appena può uscire dalla gabbia, vola subito in alto per timore di una nuova cattura. E la sensazione di libertà mi assorbiva completamente, tutta aperta com'ero ad appropriarmi di ogni scoperta, contemporaneamente indifesa nell'istintività del puro sentire.

In questo modo mi nutrivo di tutto fuori di me, ma non sapevo ancora che tutto è niente se trascuri il tuo centro. Solo ciò che passa attraverso il tuo centro è cibo che nutre, perché lo elabori e lo rapporti a te, a ciò che sei, al tuo bisogno e, soprattutto, al tuo sentire.

Era dentro che dovevo cercare e non lo sapevo, non ancora.

Da bambina il riferimento era spontaneo, perché nasceva direttamente da dentro, ora, invece, dovevo compiere questo passaggio dal fuori al dentro, perché la spontaneità si era persa, soffocata e dimenticata sotto la pressione dell'ubbidienza e della conformazione ai desideri altrui. «Si esce dalla selva oscura quando si comincia ad arrivare dentro di sé», scrive sempre Igor Sibaldi. E ancora: «Per uscire dalle grandi trappole dei condizionamenti, non occorre imparare tante cose, piuttosto bisogna dimenticarne tantissime». Il che era già un cammino nel cammino, mentre oscillavo tra il senso di onnipotenza che ti trasmette la ferma volontà di volere e l'abbandono alla resa.

Ma è facendo che impari anche come si fa a fare e come si fa ad avere coraggio e cominci a percepire che niente è statico, che tutto è in divenire, a cominciare da te che, in qualsiasi momento, puoi essere diverso da com'eri un momento prima. Persino la disperazione ti aiuta a renderti duttile e trasformabile, mettendo in luce le mille parti di te mai sperimentate, perché mai affiorate prima, ma ancora non sai che **l'elaborazione del vissuto e la sua comprensione sono necessarie per metterne a frutto i segreti e perché non abbia più potere**.

Questo era il cammino, questa era la via alla guarigione. E poiché le ricerche esterne non davano esiti tangibili al di fuori della illusoria sensazione di supporto, decidevo di interromperle per rivolgermi a me stessa e a quegli aiuti superiori di cui avevo sentito parlare proprio in quegli stessi luoghi. Così, con trepidazione, una sera rivolsi il mio appello e rimasi in attesa, una lunga e incerta attesa, finalmente interrotta da poche parole a conferma di questa presenza che mi avrebbe accompagnata per sempre.

Quando oggi dico di essere un'autodidatta, forse non dico il vero, perché questa è stata la mia scuola, una scuola che nessun corso, tra i tanti in diffusione, avrebbe potuto uguagliare e neanche avvicinarvisi, calibrata su di me e proveniente da una fonte superiore.

Ero un libro aperto per lei e il sostegno che ricevevo era così totale da accantonare, sul momento, anche la ragione che mi aveva spinto a cercarla. Solo in seguito avrei fatto tante domande e il mio spirito critico avrebbe preteso anche prove della sua concreta presenza e del suo potere.

Non subito, ma inaspettatamente, una sera me la proposero.

Accadde qualcosa di così straordinario che per molti anni non comunicai a nessuno e che anche oggi sento debba rimanere nell'intimo di chi l'ha vissuto. Contemporaneamente, credo anche sia giunto il tempo di dare testimonianze, ammesso non ce ne siano abbastanza, del fatto che non siamo soli, che i mondi si compenetrano e che non esistono confini.

Con questa premessa mi accingo a indicare solo la conclusione di quel dono superiore: i nostri nomi, il mio e quello di Livio, in una vita precedente, già tema di diverse comunicazioni, scritti in stampatello maiuscolo sul palmo della mano sinistra di lui, che dormiva, e su un nostro capo di abbigliamento che avrei conservato nel tempo.

Non sapevo a priori cosa sarebbe avvenuto, ma ero stata preparata con l'avvertimento che questa dimostrazione avrebbe comportato una certa sofferenza da parte di Livio in quanto avrebbe richiesto l'impiego di un ago sottile che, punto dopo punto, avrebbe compiuto un lavoro: vidi dopo, quando mi fu detto di accendere la luce, che le lettere dei nomi emergevano nitidamente dall'insieme dei puntini che le avevano tracciate. L'indomani mattina avrei dovuto avvisare Livio dell'accaduto, perché, notandolo, si sarebbe spaventato.

Lentamente, nei giorni a venire, il tessuto si cicatrizzò e i nomi scomparvero. Questo non fu tutto e già nel renderne pubblica una parte, mi domando ancora se sia stato opportuno. Per questa parte, la spinta mi viene dal fatto incontestabile che ne conservo una prova concreta.

Quando "casualmente", e di sfuggita, conobbi Livio e scambiai con lui poche parole affrettate, mi salutò, dicendomi di sapere che mi avrebbe incontrata. Quello che seguì, e che non conoscevamo ancora, è tra queste righe.

Aveva condiviso ogni momento, ogni minuto della mia vita, così da farmi cedere al sentimento che ci aveva uniti. Ricordo di aver fatto mie poche righe di quel magico libretto di Buscaglia che è *"Vivere, amare, capirsi"*, mentre glielo regalavo: «Mi hanno detto che l'amore è più forte di ogni muraglia e in questo sta la mia sola speranza. Perciò abbatti questi muri con le tue mani salde, ma gentili, perché ciò che vi è d'infantile in me è molto sensibile e non può crescere dietro questi muri. Dunque, non desistere, ho bisogno di te». E mi arresi al matrimonio.

Sei mesi dopo aspettavo Laura. Ci aveva scelti da tempo. Nelle nostre comunicazioni serali venne felice a dirci che noi tre eravamo già stati insieme: in un'altra vita lei era stata il padre di suo padre. E la percepivo saltellante di gioia.

Ancora prima di nascere entrò attivamente nella nostra vita, da un lato parlandoci di sé e dei molti amici che aveva lassù, dall'altro sostenendoci. Ero stata sapientemente guidata ad autocurarmi, ma ancora non stavo affatto bene. Un pomeriggio arrivò mentre, raggomitolata su una poltrona, ero immersa nei pensieri più tristi. «Scommetti che posso farti sorridere?» mi disse, e davvero mi sembrava impossibile in quel momento. Immediatamente iniziò a sciorinarmi una filastrocca lunghissima con un intreccio di parole e rime così perfette e vibranti di una musicalità rara e così inaspettate che, ebbene sì, mi trovai a sorridere di meraviglia e di commozione.
Anche se provenienti da una bimba, ciò che arriva da quel mondo non ha nulla a che vedere con la nostra realtà terrena: la

leggerezza, la delicatezza, l'armonia, la sapienza del verbo, l'energia che ti permea e ti avvolge, toccando corde che non avresti mai potuto immaginare di sperimentare...sono indescrivibili e ti trasferiscono un senso di bellezza così completa che si impadronisce di te e, solo lentamente, ti riporta con i piedi per terra.

E mentre io ero ancora sospesa in quello stato di magico rapimento, arrivava Livio dalla camera, dove stava riposando, per dirmi, in uno stato di eccitazione, che l'aveva vista, l'aveva vista... Eccitata a mia volta, chiedevo chi e volevo me la descrivesse: quando pensavo a lei, la vedevo con gli occhi grandi di lui e, forse, la mia bocca carnosa. Sì, mi disse, gli occhi erano grandi, ma le labbra sottili. Così è lei.

Nacque già grande, fin da subito libera e protesa totalmente verso gli altri che salutava a sei mesi, indicando in seguito, con orgoglio, i suoi genitori da cui si allontanava, non appena la perdevi d'occhio, per mischiarsi alla folla. A due anni e mezzo, ripresa perché in un negozio di oreficeria toccava ogni cosa esposta in piccole nicchie alla sua altezza, mi rispose: «Ma come posso essere io se devo fare quello che vuoi tu? Io sono mia».

Spiccatamente autonoma, ho potuto insegnarle ben poco, impegnata a scoprire i suoi limiti da sola. Ai no sorrideva e riprendeva con indifferenza ciò che voleva, magari coprendosi gli occhi con entrambe le manine, credendo così di essere invisibile, vivacissima, curiosa, incontenibile.

Non aveva mai pianto, fino alla perdita di suo padre. Allora si nascondeva dietro alle porte o in un angolo e la sentivo singhiozzare per uscire allo scoperto dopo lo sfogo, mascherando il suo dolore. Le facevano compagnia le sue guide, le tante lucine che mi additava in un angolo o sulla parete di fondo della stanza.

Improvvisamente ci trovammo sole: per me un vuoto immenso, per lei un senso di abbandono difficile da comprendere.
E per lungo tempo niente e nessuno poté fare qualcosa per noi.

Quella perdita sembrava a entrambe un errore. In cucina solo i suoi ultimi scritti: pagine fitte sull'amore...

La mia Chicca.

RIEPILOGO DEL CAPITOLO 4:

- SEGRETO n. 1: quali imprevedibili sorprese ti ha riservato la vita?
- SEGRETO n. 2: quali erano i tuoi sogni e quali quelli di oggi?
- SEGRETO n. 3: qual è oggi il bilancio della tua vita?
- SEGRETO n. 4: che rapporto hai oggi con il tuo passato?
- SEGRETO n. 5: quali sono per te i valori importanti della vita?

Comunica col dolore

Cerca un luogo tranquillo in cui immergerti in te stesso/a e assumi la posizione che più ti aggrada. Rilassa il corpo partendo sempre dalle estremità e sali lentamente fino al capo.

Sii consapevole del tuo respiro: senti l'aria che entra ed esce...Il respiro crea spazio nella mente, rallenta il groviglio dei pensieri, distende il corpo. Essere nel respiro ti costringe nel momento presente e il passo successivo è elevarti al di sopra del pensiero.

Potresti percepire un alleggerimento del corpo mentre entri nel tuo spazio interiore, vivo e senza tempo.

Contatta il tuo dolore. Guardalo in profondità, entra in lui, stai con lui. Osserva come ti appare, che forma ha, che dimensioni ha, che colore ha. Senti dove è localizzato. Il punto in cui si trova ti dice già molto di lui e della sua ragione d'essere.

È nello stomaco? Che cosa non hai saputo accogliere ed è penetrato in te come pesantezza che non riesci a smaltire? È nell'intestino? Che cosa non puoi digerire ed espellere? È un'eruzione della pelle? Domandati che cosa vuole uscire per rendersi visibile (anche le preoccupazioni premono attraverso la pelle).

Soffri di una forte emicrania? Scopri il conflitto tra istinto e pensiero, tra sopra e sotto, tra testa e addome. È un disturbo del cuore? Domandati se sai dare spazio sufficiente ai sentimenti, se hai il coraggio di manifestarli e da quali emozioni non vuoi essere toccato.

Il modo stesso in cui il dolore si manifesta è chiarificatore del suo stato, il suo linguaggio esplicito da interpretare: è pulsante, intermittente, pruriginoso, pungente, acuto, martellante, sordo... non è difficile tradurlo.

È pruriginoso quando esige che qualcosa venga scavato per essere scoperto e portato alla luce, è martellante quando pretende di essere ascoltato e considerato, è sordo quando proviene dal profondo.

Parla col tuo dolore, chiedigli sempre la sua ragione d'essere, ovvero perché si manifesta, che cosa vuole dirti e a quale scopo serva. Puoi vederlo, se ti piace, nelle sembianze di una qualche creatura, o puoi rivolgerti alla tua guida, che in questo caso è la parte più estesa di te, per avere risposte chiare. Renditi conto che se un dolore si sta manifestando è perché tu, in qualche modo, l'hai richiamato.

Con questa consapevolezza sai accoglierlo e puoi

comprenderlo, il che aiuta a placare l'ansia, la paura, l'eccesso di difesa, le resistenze, alleggerendo di fatto il dolore stesso.

A questo punto puoi intervenire per trattarlo. Richiama a te l'energia del cosmo e sentila vibrare nelle tue mani mentre lasci che ti diriga dove è necessario.

Fidati del tuo potere e della sua intelligenza. Includi nella tua attenzione anche tutte le altre parti del corpo, perché l'interezza non va mai trascurata.

Sappi che questa energia, che è il ponte tra la forma del tuo corpo e la non forma della tua essenza, sarà tanto più forte, quanto più tu saprai metterti da parte e lasciare che siano le frequenze a sintonizzarsi armonicamente con te e con il tuo bisogno. Accetta di essere solo uno strumento della luce e affidati all'universo che è la fonte da cui proviene. È tutto perfetto, naturale, semplice, così semplice che ti si chiede solo abbandono e fiducia.

Ascolta il messaggio che questo dolore ha in serbo per te e fanne tesoro, perché la ragione per cui uno squilibrio genera un disturbo è una lezione da apprendere.

Mentre l'energia lavora con te, arrecando un salutare beneficio a tutto il tuo organismo, presta attenzione alle modificazioni del tuo dolore che, abbracciato, potrebbe iniziare a sciogliersi.

Indipendentemente dal risultato di questo momento, sii grato/a al tuo potere e all'aiuto superiore, sapendo che anche domani, e dopo ancora, finché vorrai, puoi richiamarlo e continuare l'esercizio di attenzione al tuo benessere.

Il dolore per la perdita di una persona cara richiede di essere riempito di accettazione e di amore.

Capitolo 5:
Cerca l'anima dietro e dentro ogni cosa

"No mind is the way".
La non mente è la via.

Quello che accadde poi ha dell'incredibile: tra le pieghe del dolore si insinuavano spazi di silenzio assoluto in cui mi perdevo in uno stato di estasi del sentire. Nell'abbandono della resa, senza mente, percepivo tutta la vastità della forza della mia anima che annullava il dolore e mi scioglieva nell'infinito al di là del tempo e dello spazio. Mai prima mi era stato dato di perdermi per poi riconquistarmi così. È questo il senso di ciò che sei veramente?

Fu proprio uno di questi abbandoni ad attirare la venuta di una vecchia conoscenza. Non ci vedevamo da anni quando, inaspettatamente, una sera si annunciò con un sonoro squillo di campanello. Fui contenta della visita in quei giorni in cui i minuti sembravano ore e vivevo in uno stato di completa solitudine. Venne per raccontarmi di essere di ritorno da Genova dove, con un amico, direttore di banca, aveva conosciuto Carla, una sensitiva che, nel comunicare con loro, si era espressa anche nei miei confronti, esplicitando esattamente quello che era stato uno dei miei pensieri manifestatisi in quei momenti di abbandono.

Nessuno poteva esserne al corrente al di fuori della sottoscritta. La cosa mi sorprese non poco. Sentii che dovevo conoscere quella persona in grado di leggere, con tanta precisione, nel segreto del mio cuore. Dovetti attendere che mi venisse dato il suo recapito telefonico. Ricordo di averla chiamata dalla cabina di un telefono pubblico in Galleria Vittorio Emanuele (niente cellulari ancora), mentre, contemporaneamente, tenevo d'occhio Laura che saltellava fuori, irrequieta come sempre.

Quell'incontro mi lasciò ulteriormente sorpresa perché ancora, come mi conoscesse da sempre, quella persona seppe tradurre in breve i miei pensieri e le mie preoccupazioni del momento, fornendo in merito suggerimenti e indicazioni precise che non ero nemmeno in grado di seguire, data l'attenzione che dovevo rivolgere alla mia bimba ribelle. Dovevamo incontrarci.

Fissai subito un appuntamento. A quell'incontro ne seguirono altri e Carla divenne un sostegno in quei giorni durissimi in cui il vuoto di presenza del mio compagno era incolmabile e anche, per un certo tempo, una guida preziosa. Con lei passai in rassegna tutta la mia vita con dovizia di tanti particolari perfettamente corrispondenti alla realtà, senza che io raccontassi alcunché.

Chi avrebbe potuto arrivare a tanto se non ancora un aiuto superiore, interprete della mia pena e della necessità di soccorso? Così si arricchiva la mia conoscenza delle "più alte sfere" e, come non ne avessi già fatta esperienza quotidiana, percepivo, sempre più concretamente, la realtà energetica in cui siamo immersi e di cui siamo parte, mentre il cuore si apriva, proiettandomi, con maggiore forza e decisione, nel flusso.

Una volta di più mi era chiara la concatenazione degli eventi, tutto aveva un senso per uno scopo: lo sviluppo del mio essere interiore, perché ora, forte del cammino, prendessi in mano le redini della mia vita, manovrate, fino a quel momento, da altri.

C'era stata in aggiunta l'occasione di un incontro straordinario con uno sciamano che, dopo aver dato spazio al suo Qilaut (il tamburo sciamanico), accompagnandolo con il canto all'Uno Grande, portava la sua attenzione sulla mia vita e mi vedeva sotto le sembianze di un bicchiere, sul banco di un bar, nel quale ognuno aveva versato quello che voleva. «Ma ora - mi disse - le cose sono cambiate». E, in suo luogo, vedeva una tavola, riccamente imbandita, da cui avrei potuto prendere qualsiasi cosa avessi voluto.

Poiché ascoltavo in silenzio, mi chiese ripetutamente se avessi compreso e, alle mie risposte affermative, ripeteva più volte la domanda. Sì, avevo compreso, mi sembrava così semplice la lettura del quadro e anche, finalmente, di ampio respiro.

Ebbene, ancora una volta, a riprova di quanto la comprensione del percorso evolutivo sia sottile, tanto da credere spesso di possedere la chiave di un insegnamento che ci perviene, per accorgerci poi che ci sono giunte le parole, ma non abbiamo saputo interpretarle, mi resi conto, solo molto tempo dopo, di aver travisato il senso di quel messaggio in fondo così chiaro: **avevo tutto a portata di mano, bastava che l'allungassi anziché attendere che le cose**

arrivassero a me!

Giustifico la mia ignoranza perché sono sempre stata così concentrata sulla mia interiorità da trascurare completamente l'aspetto esteriore e concreto della vita, intesa come materia, benessere, agiatezza. Non farlo, la vita è abbondanza, l'amore che tanto ho perseguito, è abbondanza, il bene che sempre è stato prioritario, è abbondanza. Non trascurare i doni che ti spettano proprio in virtù di un sentire cristallino. Anche questo è amore... per te stesso.

Sposandomi, mi ero trasferita a Bergamo, cittadina felice per la duplice posizione: la città bassa, Berghem de hota, raccolta e ben servita, la città alta, Berghem de hura, vivace la sera, mi ricordava Venezia con il continuo viavài di gente festaiola fino a tardi.

Ora ero capofamiglia e mi chiedevo cosa potessi fare per svolgere al meglio il mio doppio ruolo di madre e padre. In precedenza avrei affiancato mio marito nel suo lavoro. Il ritorno all'insegnamento, che avevo lasciato pur essendo di ruolo, ma proprio per questo, era una soluzione da scartare in quanto avrei dovuto assoggettarmi alle condizioni economiche iniziali.

Avevo compiuto uno stage per una grossa azienda vicentina. Ho ancora dei familiari in Veneto e la possibilità di avvicinarmi a loro mi sembrava cosa buona. Il titolare di questa struttura aveva tenuto personalmente un corso di formazione a un folto gruppo di candidati, aspiranti all'eventuale assunzione. Era stata un'esperienza positiva grazie a un apprendistato, ben condotto e molto stimolante, nel corso del quale avevamo sperimentato anche tecniche di Public Speaking, con attestato di merito, per acquisire dimestichezza con palco e microfono.

L'ultimo giorno ci raccolsero tutti in una grande sala per i saluti di commiato e quando, tra gli ultimi, stavo uscendo dalla stanza, mi sentii chiamare dal titolare perché mi fermassi. Mi invitò al tavolo della presidenza, chiedendo alla personalità seduta al suo fianco di lasciarmi il posto e, a bruciapelo, disse, rivolgendosi a me e ai collaboratori presenti, come a informarli, che nella sua azienda avrei potuto fare quello che più mi fosse piaciuto: scegliessi dunque il mio ruolo. Rimasi di stucco, perché niente aveva lasciato intendere a un'attenzione particolare nei miei confronti rispetto al gruppo.

Tornai a casa progettando di trasferirmi e di dover cercare velocemente, nei giorni successivi, un'abitazione confacente alle necessità, domandandomi anche quale incarico avrei potuto scegliere all'interno di quella struttura. Non sapevo, mi sembrava di poter fare di tutto e di più. Presunzione?

E poi non ero preparata a una decisione così rapida e, a dire il vero, non ero neanche convinta che dovesse essere proprio quella la destinazione giusta per me, anche se la modalità attraverso cui mi era giunta la proposta era stata lusinghiera.

Il dubbio si sciolse, come neve al sole, solo pochi giorni dopo, quando mi giunse una telefonata da Franco, caro amico di famiglia, con cui avevamo condiviso tanta parte della nostra vita. Gli comunicai che stavo cercando casa a Vicenza, dove mi sarei trasferita per lavoro. Immediatamente mi disse:«No, non là, a Milano devi andare». E il tono deciso, anzi quasi imperativo, con cui pronunciò quelle poche parole, mi suggeriva di non sottovalutare l'indicazione.

Insieme avevamo vissuto e condiviso tante esperienze pindariche emozionanti a riprova della nostra capacità di manifestare più di ciò che crediamo di essere. Quando lui veniva da noi, la sera, ci divertivamo come bambini a spegnere e a riaccendere, con la forza della mente, le luci dei viali di Milano, mentre sfrecciavamo in macchina in quei rari momenti di spensieratezza.

Quando noi andavamo da lui, ci sedevamo intorno alla tavola rotonda, con sua moglie Anna in disparte, e Franco tracciava, su fogli sparsi, disegni utili allo sviluppo della visione interiore, perché la loro interpretazione permetteva di leggere nella mente e nel corpo delle persone ai fini della guarigione. Era un giocoliere della magia, quella vera, quella dello spirito che si serviva del pratico, del semplice, del concreto, per andare oltre: non siamo forse anche materia?

Sempre guidati da lui, una volta siamo arrivati alle porte dell'Akasha, difese dai guardiani della soglia e, col permesso, **abbiamo percorso la nostra vita, presente e futura, come attraverso la visione di un film a colori. Ne conservo immagini vivide e il futuro di allora si è, piano piano, snocciolato nel presente che è diventato, in una perfezione assoluta. Sono**

vicinissima alle scene finali di quel film... Se questa non è magia, allora cosa può esserci di più magico del vivere concretamente dopo, quello che hai conosciuto, solo visivamente, tanti anni prima?

Ognuno di noi è un canale di luce che riceve e invia in base a ciò che è e a ciò che vuole e può diventare in relazione allo scopo della sua venuta. E riceve attraverso frequenze energetiche che si traducono nella musica della sua anima, una vibrazione solo sua, diversa da quella di qualsiasi altra persona, perché nessuno è come lui, speciale nella sua unicità.

È lui **il cantautore**, gli altri possono solo tentare di imitarlo. Perciò fidati della tua musica, inventala, arricchiscila, miglioralog, sviluppala, componi le tue canzoni. Puoi tenerle per te o condividerle, se vuoi, se ti piace, se è utile, ma sono tue e nessuno può cantarle come te!

In questo gioco di poesia e di amore le dimensioni si compenetrano continuamente, anche a insaputa dei soggetti stessi: quelle più elevate racchiudono al loro interno, come matrioske, se così si può dire, le inferiori e sanno di cosa necessitano per essere umanamente rassicuranti.

Bertrand Russell afferma: «Individuare gli scopi della vita e rendere gli individui coscienti del loro valore non è compito della scienza, ma del mistico, dell'artista, del poeta!».

Mentre riflettevo sull'indirizzo da dare alla mia vita, Franco, ancora al telefono, mi trasmetteva l'immagine che gli perveniva in quel momento: vedeva un grande masso sulla riva del mare che, sottoposto alla continua erosione delle onde e alla violenza delle maree, da tempo e nel tempo andava sgretolandosi fino a ridursi a un piccolo sasso durissimo contro il quale la forza distruttiva dell'acqua non aveva più potere.

Mi sembrava di vederlo, grande, imponente e poi sempre più corroso, consumato, ridotto fino a rimanerne il cuore. Io ero quel cuore, piccolo sì, ma forte, perché aveva attraversato tante battaglie e ora niente poteva più intaccarlo. Poteva essere solo accarezzato. Sentivo che quella visione mi corrispondeva, sentivo che avrei acquisito quella forza, già dentro di me, sentivo che avrei imparato a estrarla e a servirmene. Del resto mi era stato detto che la parte di me, puramente umana, che nel percorso si fosse trovata nelle macerie, non aveva importanza, era l'altra a doversi manifestare, crescere ed espandersi fino ad assumere il sopravvento per imporsi.

Il Vangelo ci ricorda che "Il regno dei cieli è simile a un tesoro nascosto nel campo: un uomo lo trova e lo nasconde di nuovo; poi, pieno di gioia, vende tutto quello che ha e compra quel campo" (Mt. 13,44-45).

Questo è il tesoro racchiuso nell'intimo dell'uomo, cui spetta il compito di scavare dentro di sé con la pazienza e la delicatezza dell'archeologo, poiché ogni reperto, anche il più insignificante, rappresenta il tassello del mosaico che deve trovare la giusta collocazione nella ricostruzione della città interiore. Solo così quell'uomo potrà risorgere dalle proprie ceneri e fare magicamente uso del suo potere portato alla luce.

Fu quella visione a darmi la certezza della direzione peculiare da intraprendere, **ma, ancora una volta, la vita stava provvedendo a**

me...

Realizzavo di aver vissuto chiaramente proprio quel percorso: le parti umane di me, sofferte, erano state accantonate, quasi con indifferenza, in favore dell'indirizzo per il quale ero stata coltivata, come una pianta, con il seme dell'insegnamento, con l'acqua vivificante delle rivelazioni e con la luce calda del sole delle aperture.

Accantonai sul nascere la proposta vicentina e mi accordai con Franco per la ricerca, invece, di uno studio, a Milano, ove avviare la mia attività di operatrice spirituale, compito al quale mi sentivo chiamata e per il quale mi sembrava di essere stata sufficientemente preparata. La mattina in cui ci incontrammo, trovai con lui un suo amico carissimo, Carlo, che quella notte non aveva chiuso occhio per uno strano sogno che lo indirizzava ad aprire un negozio, una fabbrica di scarpe, qualcosa, insomma, che dovesse creare ex novo e di cui non capiva il senso.

Già suo fratello era in qualche modo occupato in questo settore e nel pavese, dove abitava, sorgono tante aziende, più o meno importanti, la nota Moreschi, ad esempio, impegnate a produrre questo articolo, come a dire che il suggerimento sembrava calzare a pennello, essendo quella una piazza dedita a quel mercato. Carlo, però, svolgeva un suo lavoro imprenditoriale e non capiva perché dovesse improvvisamente occuparsi anche d'altro.

Franco, con i suoi assistenti superiori sempre presenti, era speciale nel saper rispondere agli interrogativi più ostici, ma quella volta non chiarì. La risposta rimase nel vago e nell'indefinito... per emergere tempo dopo, quando l'avremmo scoperto solo attraverso la comprensione del disegno che forze invisibili avevano tracciato per noi, docili protagonisti di una commedia senza testo, se non uno scarno canovaccio imprevedibile che sarebbe emerso, a sorpresa, alla maniera della prima rappresentazione improvvisata di quell'arte goldoniana che era stata argomento di uno dei miei primi esami universitari.

Decisi intanto di programmare con Franco un ciclo di trasmissioni televisive per farmi conoscere. Spostandomi in macchina da Bergamo a Milano con la mia bimba, avevo ideato, lungo il tragitto, parole e musica della canzoncina che avevo dedicato a lei e che volevo come sigla di apertura e chiusura delle trasmissioni che sarebbero andate in onda su Rete TRE, una rete privata pavese, visibile in Lombardia e in tutto il Piemonte, per un'ora di diretta alla settimana.

Riservata com'ero, vinsi il freno iniziale, pensando che qualcuno in famiglia mi aveva preceduto e, quindi, potevo superare lo scoglio. Originariamente parlavo di cosa sia la malattia: come nasce e perché si manifesta, soprattutto da dove si origina. Dicevo, circa trent'anni fa, le cose che, in parte, divulgano oggi tante voci, ma allora ero all'avanguardia e, soprattutto, ancora oggi non sono molti coloro che hanno il coraggio di riconoscere e di affermare dove abbia origine ogni squilibrio da cui si dipartono i più disparati disturbi fino alle malattie gravi.

Molto si attribuisce all'ambiente con i suoi vari contrasti, all'inquinamento diffuso a tutti i livelli e al rapporto che l'essere umano ha con il proprio danneggiato ecosistema, là dove la geomedicina entra in soccorso, mettendo in relazione le patologie con i diversi fattori ambientali, geografici e sociali.

Per non parlare poi della vita e della morte, non più affare privato sul quale il singolo può avere l'ultima parola, ma come diritto degli stati sulle vite non più degne di essere vissute nel "best interest" del paziente.

Pensiamo a Charlie Gard. Il figlio è un unicum per i genitori, non lo è per la legge che lo giudica, non lo è per la scienza che lo studia, ma lo è per i genitori che lo amano. Ferdinando Camon scrive su *Avvenire*: «Per sapere cos'è Charlie per il padre e per la madre, bisogna calcolare quanti sono i giorni di quegli undici mesi, e le ore di quei giorni, e i minuti di quelle ore, e i secondi di quei minuti: ne risulta un numero sterminato a indicare la montagna di sguardi, attenzioni, pensieri, gesti che padre e madre hanno dedicato al figlio.

Questa è la montagna dell'amore. Charlie è stato amato da tutti perciò la sua vita aveva un senso e doveva essere protetta. Di quella montagna di secondi e di contatti, noi, sparsi per il mondo, non ne conosciamo neanche uno, ma padre e madre non ne dimenticheranno neanche uno».

E questo per sottolineare il valore della vita e dell'amore, quanto la vita sia sacra come la morte, quanto questa sacralità sia in noi e vada protetta, quanto, al di là di casi limite, come quello di Charlie, siamo custodi della nostra salute che si difende con il rispetto delle esigenze dell'anima da cui proviene l'equilibrio del corpo, baluardo di difesa da qualsiasi attacco esterno.

Perché, altrimenti, tra più individui inseriti nello stesso ambiente, alcuni si ammalano e altri no?
Lo spiegavo e, alla fine di ogni trasmissione, mi piaceva regalare suggerimenti, sempre diversi e originali, per chiudere poi in leggerezza con le più creative tisane naturali, confortanti in una pausa o concilianti un buon riposo.

Procedevo ormai con acquisita disinvoltura, progettando settimanalmente il tema dell'appuntamento periodico con il mio pubblico, in un rapporto di crescente e cordiale familiarità, quando venne a trovarmi Carlo, quel caro amico di Franco incontrato "per caso" qualche tempo addietro, chiedendomi, come un favore, di curare le pubbliche relazioni per la sua ditta, al cui interno erano avvenuti dei cambiamenti societari, e promettendomi uno stipendio mensile più che interessante.

Riflettei parecchio e alla fine pensai che, dopotutto, accettando la sua proposta, mi sarei semplificata la vita. La decisione comportava il trasferimento da Bergamo a Milano, dove cercai frettolosamente casa.

La scelta cadde sulla seconda abitazione visionata, un appartamento di soli sessantanove metri quadri, ristrutturato di recente, con quelle caratteristiche di base che amo in una casa: il legno caldo del pavimento, le vetrate a tutta altezza, la luce che la inonda, il bianco che la rischiara, i terrazzini che si affacciano sul fazzoletto di mondo vicino. Lo fermai subito e, quando vi ritornai da sola, prendendone possesso, rimasi a rigirarmi piano tra gli ambienti vuoti, dandomi tempo per sentire le sottili sensazioni del cuore, l'energia del luogo, l'emozione del momento... consapevole della svolta che stavo dando alla mia vita.

In quel frangente sceglievo per necessità e rapportavo il nuovo ambiente, grazioso, ma più contenuto e modesto, agli spazi dell'abitazione bergamasca dove ero vissuta con Livio, dove avevamo trascorso il tempo breve e migliore della nostra vita, dove tutto era caldo e personalizzato con un distintivo di raffinata eleganza. A malincuore lasciavo la grande terrazza di sessanta metri quadri sul parco che abbracciava tutta la casa, dove Laura aveva imparato a correre in bicicletta. Della sua stanza, piena di giochi fino al soffitto, ben poco poteva venire con noi per assenza di spazio e veniva regalato a Michele, della ditta traslochi Segnini Fabrizio, per i suoi figli.

Era triste separarsi da quella realtà ancora imprigionata tra quelle mura, da quelle cose che, senza più padrone, emanavano mestizia, da quei ricordi le cui energie persistevano nell'aria e oltre le quali c'era solo l'incognita di un grande vuoto da riempire che faceva appello, senza indugi, a tutte le mie energie.

Iniziavo così a lavorare per l'azienda di bonifiche di cui Carlo era amministratore, una delle prime sul territorio, che già nell'Ottanta operava alla bonifica sul Po in seguito allo sversamento di idrocarburi nel fiume attraverso una falla dell'oleodotto Conoco che attraversa il Terdoppio. Subito stilavo per lui, nel cuore della notte, l'offerta a una gara d'appalto indetta dalla Provincia di Milano. Risultammo vincitori.

Le porte per accedere ai servizi delle grandi società erano spalancate, ma ben presto scoprivo che questa azienda, come molte allora, ai primordi in questo campo, non aveva operato nel migliore dei modi e non avrebbe avuto futuro. Mi ero ormai introdotta nell'ambiente e mi sembrò di non avere altra possibilità che quella di creare la mia azienda di bonifiche, mentre Carlo, con i soci, liquidava la sua e passava a lavorare per me come operaio.

Ancora una volta tutto era avvenuto velocemente, d'istinto, perché non c'era tempo da perdere. Così, dopo soli tre mesi dall'inizio di quell'esperienza, nasceva l'ABL sas. Anche la denominazione era stata sottoposta al vaglio delle mie guide e la scelta cadde decisamente su questo nome, tra una rosa di altri, perché, mi fu detto, la Provincia interpellava le aziende, specializzate nei vari settori, secondo un ordine alfabetico e il nome prescelto mi poneva al primo posto nella classifica. A questo punto si aggiunse anche, in tono grave, che **la mia vita era ora una pagina bianca, tutta da scrivere**.

Ne sentivo il peso della responsabilità grande che gravava interamente sulle mie spalle senza avere ancora chiare competenze specifiche e, nello stesso tempo, vivevo la carica che infonde la possibilità di creare e modellare qualcosa a tuo piacimento, come fosse creta, cera, pongo... Ero elettrizzata e preoccupata contemporaneamente.

Qualcuno mi aveva parlato di un sant'uomo, dall'altisonante nome Cristoforo Colombo, che riceveva in duomo in determinate ore del primo pomeriggio. Desideravo incontrarlo, dopotutto volevo un confronto con un essere umano in carne e ossa. Conoscerlo e potergli parlare, prima che il cielo lo prendesse con sé, perché era molto malato, è una delle rare pagine meravigliose della mia non facile vita.

Santo lo era davvero. Mi avevano decantato la sua severità, con me fu dolcissimo. Vedeva, sentiva, leggeva tra le pieghe della mia storia non diversamente dalle guide e mentre io esponevo le preoccupazioni e i problemi da affrontare, sentendomi sempre più piccola al loro cospetto, egli sembrava proprio non ascoltare, perché il suo sguardo era diretto solo alla mia anima e di lei parlava più a sé stesso che a me, sorridendo, tanto che, in un primo tempo, pensai non sentisse bene.

Sentiva invece, eccome, e vedeva lontano con sensibilità e delicatezza celesti. Non per questo, però, nascondeva la realtà che mi attendeva: le difficoltà sarebbero state tante e mentre mi opponevo al verdetto, facendo presente il pregresso con tutto il suo bagaglio di dolore, egli scuoteva la testa perché non poteva essere altrimenti, il fardello pesante non era affatto finito.

In uno di questi incontri, quella volta in canonica, seduti su due sedie poste l'una accanto all'altra, mi si avvicinò e, per un attimo, posò il suo capo sulla mia spalla, dicendomi in un soffio, «Sapessi quante volte anch'io avrei voluto una spalla su cui appoggiarmi!», allontanandosi subito dopo. In questo gesto, e nel modo delicatissimo in cui era avvenuto, ho percepito tangibilmente la fragilità che si nasconde nell'intimo della natura umana, anche in quella apparentemente più forte e sicura, anche, e forse soprattutto, in quella di un santo, perché più consapevolmente ha dovuto combattere e vincerne i limiti che non prescindono da un bisogno d'amore umanamente sentito.

Tornando a casa, quel giorno, mi guardavo attorno senza vedere e senza sentire il brusìo della folla e il frastuono del traffico. Quel che arrivava si rifletteva in me come in uno specchio, con indifferenza. La vita era dentro, pulsava nel cuore e sembrava essere vera e viva solo in quel muscolo che pulsava con lei.

Iniziavo così la mia nuova attività a cui avrei dedicato mente e, appunto, cuore e solo l'amore ha fatto sì che, anno dopo anno, il tempo scorresse senza che me ne accorgessi quando il mio intento, ripetuto di anno in anno, era quello di dedicarmi a lei per poco, perché la strada da percorrere, la strada maestra, era un'altra.

Mai, in verità, era stata dimenticata. Da prioritaria scorreva ora parallelamente alla via ufficiale e, solo apparentemente, in secondo piano. Qualche anno prima, ad esempio, ero venuta a conoscenza dell'arrivo a Milano di un'insegnante americana, accolta presso l'Università della Nuova Medicina, in corso Ventidue Marzo, relatrice e consulente nel campo delle potenzialità umane, Maud Nordwald Pollock, autrice del libro *"Dal cuore attraverso le mani"* e allieva della dottoressa Dolores Krieger dell'Università di New York.

Teneva un corso di quattro giorni dal titolo "Nuova sintesi" sul Therapeutic Touch, comprendente la pratica del "feeling dissolve", un metodo da lei creato per sciogliere vecchi traumi non risolti che bloccano il flusso energetico.

Questo fu forse il primo di rari corsi a cui ho potuto partecipare nel lontano 1998, perché, più avanti, quando espressi il desiderio di iscrivermi a un percorso di studi quadriennale, concernente discipline spirituali, per una specializzazione organica, mi fu perentoriamente detto: «Lascia stare corsi, corsini e corsetti», là dove il termine corsetti mi aveva fatto sorridere, richiamando un indumento intimo femminile.

Il divieto mi spiacque e mi parve una limitazione al desiderio di espandere la conoscenza di cui, al momento, non capivo la ragione. **Più avanti, ho apprezzato, come un dono prezioso e impagabile, il mio percorso solitario, puro, privo di scorie e di personalismi, vero perché scaturiva, passo passo, da un vissuto sperimentato e sofferto, risultato di prove e del superamento di errori per arrivare al cuore dell'essere.**

Solo l'esperienza diretta insegna e il suo insegnamento inconfutabile, stabile e forte, è luce e guida chiara contro ogni manipolazione. Quando hai appreso quella musica, ti accorgi anche delle più piccole stonature e niente può deviarti, perché il tuo canale è limpido e inattaccabile.

Questa è la mia sola ricchezza.

Il mondo materiale è però importante perché è il nostro banco di prova, la nostra occasione da cogliere. Il mondo spirituale è il passo successivo.

Allora provenivo dalla "scuola" di Zanatta, e definisco impropriamente scuola la sua direzione che nulla aveva di prestabilito e impositivo, se non la ricerca attraverso la sperimentazione individuale.

Nel gruppo degli "affiliati" al Prof. Zanatta qualcuno aveva conosciuto quell'insegnante americana e mi distoglieva dal partecipare a quel corso, definendolo di poco valore. Io sentivo diversamente.

Innanzitutto scoprii la mia capacità di totale distacco da questa realtà per immettermi in altri mondi, il che mi forniva una chiave di lettura degli eventi indipendente dal tempo e dallo spazio e, cosa curiosa per me allora, nel lontano 1998, sperimentai la capacità di agire sulla materia, modificandola.

Era il tempo in cui si parlava dei trucchi di Uri Geller. Ebbene, mi trovai tra le mani posate, deformate improvvisamente dal calore energetico, che addirittura scagliavo lontano perché bollenti... e senza trucchi! La sera stessa invitavo l'insegnante a cena, perché Franco mi aveva chiesto di poter assistere al fenomeno e, insieme, ripetemmo l'esperimento, mettendo fuori uso due posate del ristorante.

Conservo la prima posata in un cassetto e non ripetei mai più la cosa, la cui unica funzione era quella di toccare con mano uno dei tanti poteri di cui siamo dotati.

```
TOUCH THERAPEUTIC TOUCH THERAPEUTIC TOUC
```

```
        Carisime participanti:
        Incluso trovarete una photo come
             un recordo
        dal nostro tempo insieme.
        Grazie per la conoscenza.

        Carisime saluti,
                            vostra,
```
MAUD NORDWALD POLLOCK

Maud Nordwald Pollock all'Università della Nuova Medicina.

RIEPILOGO DEL CAPITOLO 5:

- SEGRETO n. 1: osserva lo scorrere della tua vita: riesci a vederne la concatenazione degli eventi?
- SEGRETO n. 2: saresti in grado di commentarli?
- SEGRETO n. 3: hai la percezione di dover percorrere in questa vita una strada ben precisa?
- SEGRETO n. 4: hai incontrato nella tua vita una o più persone che hanno saputo essere per te guide preziose?
- SEGRETO n. 5: che cosa consideri più importante nella tua vita oggi?

Un dono d'amore

C'è una pagina di quel magnifico libretto che è *"Un ascolto profondo"* di Thich Nhat Hanh, monaco vietnamita e maggiore maestro zen vivente, poeta e costruttore di pace, che mi piace ricordare perché mi riempie di tenerezza ogni qualvolta la memoria mi riporta a lei. Si tratta di una pratica del sangha che si ripete dopo il ritiro dei novanta giorni, una tradizione che si rinnova ancora dopo più di duemilacinquecento anni.

Ogni praticante si porta davanti a ogni altra persona della confraternita per porre a ciascuno la stessa domanda: «Caro fratello, nei novanta giorni trascorsi devo aver fatto o detto qualcosa di sbagliato e di spiacevole. Per favore, dimmi cosa è stato, istruiscimi e perdonami».

Thầy, così viene familiarmente chiamato il maestro vietnamita, scrive che ci vuole molto tempo per portare a termine questa pratica, ma la felicità e la qualità della comunicazione che si raggiungono possono essere molto alte. «In questo modo – continua - si diventa un vero rifugio per molte altre persone. Se ci isolassimo, questo non potrebbe accadere. Così, invece, ci radichiamo sempre più profondamente nel cuore e offriamo tutto di noi stessi».

Trovo questa pratica di una delicatezza infinita e disarmante. Pensa se riuscissimo a immetterla tra noi. Sarebbe un po'come realizzare quell'abbraccio che Buscaglia auspica possibile a ogni sconosciuto che si incontra per strada, che sconosciuto poi non è, perché siamo fatti tutti della stessa sostanza. Sarebbe un modo nuovo di aprirci al prossimo, tale da stravolgere addirittura quella massima cristiana che invita a "fare all'altro quello che vorresti fosse fatto a te" per trasformarla in "fai all'altro ciò che l'altro vorrebbe gli venisse fatto".

Si tratterebbe non di anteporre, ma di partire dalle esigenze dell'altro, perché si diventa capaci di vedere in lui sé stessi. È un aprirsi a esperienze diverse che spezzano finalmente la demarcazione dei nostri ristretti confini, quelli che Buscaglia chiama "giardini recintati".

Riesci a pensare cosa accadrebbe se questa pratica si realizzasse tra amici, in famiglia, in una coppia? Questo sarebbe inserirsi davvero nella jam session della vita in maniera armonica, piuttosto di decidere di continuare a suonare ripetitivamente la propria personale musica che, uscendo dal coro, isola a riccio nella sua ristretta individualità.

«Il Buddha - dice ancora Thầy - ci ha esortato a guardare in modo da vedere questo in quello e quello in questo per annullare l'illusione della separazione che non esiste. Di fatto così si può dire che gli esseri umani, che sono fatti per il settanta per cento di acqua, sono fatti di "nuvola", la nuvola, dunque, non è solo lassù, nel cielo, ma anche dentro di noi. Da praticante di meditazione puoi vedere molto a fondo cose che le persone che hai intorno non riescono a vedere: puoi vedere la realtà dell'interessere, puoi vedere il chicco di granoturco nella pianta e la pianta di granoturco nel chicco, puoi vedere la madre nella figlia e la figlia nella madre, l'arabo nell'americano e l'americano nell'arabo e allora smetti di discriminare perché sai che, aiutarli, significa aiutare te stesso».

E, a questo punto, sai anche che quando Thầy dice: «Quando bevi il the, stai bevendo nuvole», non recita un kōan ideato per lambiccarsi il cervello, ma intende con ciò sintetizzare il suo pensiero e la sua pratica, ovvero ricordare semplicemente che "tutto è in tutto" e che, proprio per questo, dobbiamo avere un profondo rispetto per ogni essere vivente e per ogni cosa, consapevoli di essere parte del tutto.

Meditazione per entrare in contatto con la tua anima

La meditazione disciplina la mente, sviluppa l'anima e conduce alla piena maturità della coscienza.

Come sempre, cerca un luogo tranquillo per raccoglierti in te. Come sai, non è importante la posizione che vuoi assumere quanto, invece, che tu ti senta comodo/a e a tuo agio. Rilassati partendo sempre dalle estremità e salendo lentamente lungo il corpo, mentre abbandoni le tensioni e liberi la mente dal solito groviglio di pensieri.

Entra più profondamente che puoi in te e respira ritmicamente, piano... Inspirando sei consapevole del tuo corpo, espirando gli permetti di distendersi.

Chiama a te tutta l'energia del cosmo e lasciati invadere da lei. Puoi sentirla scorrere in te come un piacevole calore che ti attraversa. Immagina che una luce luminosissima fuoriesca dal tuo cuore e si espanda sempre più. Tu sei immerso/a in questa luce che ti avvolge. Il tuo corpo non ha peso né confini, perché anche tu sei luce che si espande nella luce.

Nel silenzio, denso di verità, puoi comunicare con la tua anima che ti investe d'amore e di bellezza. In lei vedi te e tutto il bagaglio del tuo cercare, sentire, voler essere intero/a e la vostra intesa ti trasmette un senso sconfinato di pace. Aprile il tuo cuore. Confida le tue preoccupazioni, i dubbi, i desideri e ti accorgerai che, ancor prima che tu riesca a manifestarti pienamente, lei, che ti conosce da sempre, che sa, che è infinita, ti suggerirà le indicazioni che cerchi.

La sua voce sarà come un flash di luce istantanea sul filo dei tuoi tanti pensieri che, con la stessa rapidità, si sciolgono e svaniscono.

Quella luce ti accompagnerà per giorni e giorni e tu vorrai trattenerla con te il più a lungo possibile. È una forza, una direzione, un dono, una preziosità che custodisci con commozione e gratitudine. È il contatto tangibile col divino dentro di te che si è manifestato. Ora, che ne hai fatto esperienza, sai come non esistano parole capaci di tradurne l'incanto.

Capitolo 6:
Scopri il linguaggio della non forma oltre la forma

Nessuna risposta della scienza, per quanto grande, potrà mai superare le meravigliose rivelazioni della nostra coscienza.
Corrado Malanga

L'attività aziendale richiedeva impegno e dedizione totale e il piacere di far bene le cose mi rendeva perfezionista fino all'eccesso. Amo la natura, l'acqua dove, fin da bambina, sguazzavo con i panni della nonna o, imitando mio padre, pescavo con lo scolapasta i pesci per il mio acquario, la terra che mi piace riportare allo stato originario di integrità attraverso il paziente intervento di bonifica fin nelle sue viscere e che ho tanto accarezzato, preparandola alla messa a dimora delle migliaia di alberi dei parchi, delle aree forestali, dei boschi.

Similmente a noi umani, le diverse specie arboree adottano strategie particolari e differenti per svilupparsi e difendersi: alcune puntano tutto sulla forza, sul potere e sulla prevaricazione, altre prediligono la cooperazione attraverso il reciproco aiuto.

Rientravo a casa la sera, stanca, infangata, esausta nel corpo, eppure contemporaneamente vivificata e ossigenata nello scambio energetico del dare con passione e del ricevere il grazie silenzioso che percepivo, creando ordine e bellezza.

In un certo senso, comunque, il lavoro sembrava procedere automaticamente, e quasi indipendentemente dai miei sforzi per acquisirlo, con occasioni, contatti e opportunità che, forse, non avrei trovato, cercandole. Sembrava che qualcuno, da dietro le quinte, ne muovesse i fili e io rispondevo con gratitudine. Per di più il mio intuito agiva come quello dei segugi, cercatori di tartufi, nel senso che mi guidava e mi suggeriva concretamente le soluzioni più corrette alle problematiche da risolvere.

Se un progetto di intervento non era del tutto funzionale alla soluzione del caso, mi sentivo mancare, qualcosa in me si contraeva e si ritirava e dovevo intervenire con le opportune modifiche, quand'anche con modalità completamente diverse. Uno dei miei primi lavori importanti fu per la Kuwait Petroleum Italia Spa a Milano, in viale Fulvio Testi, nel 1994. Ero appoggiata allo studio di tre professionisti eccezionali che, qualche anno dopo, avrebbero lavorato in tutto il mondo. Questo intervento è durato due anni ed è stato diffuso ampiamente sulle riviste di settore in quanto fu una delle prime bonifiche eseguite con la tecnica del Soil Venting.

Avevamo eseguito indagini geologiche precise per individuare la corretta posizione del pozzo di aspirazione dei gas interstiziali. Fu il Dott. Alemani a stabilirne il punto esatto. A più riprese, in tutto quell'arco di tempo, lasciandomi prendere dalle mie sensazioni, gli facevo presente che, personalmente, l'avrei scavato in una posizione diversa, se pur di poco, ma quel poco era importante. Sorrideva alle mie insistenze con l'indifferenza del professionista sicuro di sé, salvo ammettere poi, sul finire dei lavori che si prolungavano, che, realizzato nella mia posizione, si sarebbero conclusi prima!

E quando vennero i tecnici dalla Germania con le bacchette di rame del rabdomante, quale supporto aggiuntivo all'individuazione della presenza di sottoservizi, prima degli scavi, io, che ancora non le conoscevo, le presi e le vidi direzionarsi immediatamente nelle mie mani.

Se segui i codici d'onore della tua coscienza, allora puoi sentire che la vita ferve ovunque, non solo in te e nella natura, ma in ogni cosa, solo apparentemente inanimata, che è lì per te, che ha una sua vibrazione e un suo scopo, e allora, percependone la sacralità, riesci a penetrare in essa, diventandone parte.

Questa è la spiegazione anche a quei tanti fenomeni scambiati per eccezionalità, mentre scaturiscono dall'estensione naturale di te (ad esempio la psicocinesi).

Quello stesso studio mi aveva definita naïf per la semplicità e naturalezza con cui trattavo una materia complessa e di grande responsabilità. A dire il vero l'appellativo non mi dispiaceva affatto, ritrovandomi nella genuinità colorata di quell'arte istintiva, carica di grande suggestione, spontanea, ma non per questo sprovveduta e incolta, **capace di raffigurare la realtà** con assoluta libertà interpretativa, seguendo solo il bisogno di comunicare con candore la propria ribelle genialità.

L'attività lavorativa non era disgiunta dal percorso intimo e profondo con me stessa e con la Fonte, anzi, veniva svolta proprio con questo supporto che, mentre mi infondeva forza e coraggio, contemporaneamente mi trasmetteva chiarezza e suggerimenti sul da farsi e, incredibilmente, anche senso pratico.

In verità per molto tempo avevo camminato a dieci centimetri da terra, appoggiando apertamente su presupposti spirituali anche le riunioni di lavoro, cosa che lasciava stupiti non poco i convenuti, per accorgermi poi che **l'esperienza terrena va vissuta nel mondo pur senza essere interamente del mondo**. Diversamente, la crescita spirituale diventerebbe una fuga dalla realtà, vanificando il senso della venuta su questa terra, che è proprio quello di arrivare allo spirito attraverso il percorso umano né potrebbe essere altrimenti.

Siamo arrivati qui come luce, parte della quale è rimasta dall'altro lato del velo in attesa di poterci ricongiungere a lei attraverso la scoperta e la riconquista della nostra essenza con l'esperienza terrena. Dobbiamo affondare profondamente i piedi nella terra ed emettere radici robuste per poterci ergere, forti e senza tentennamenti, verso l'alto.

Dopo di che la nostra crescita parla da sola, senza che noi la raccontiamo, perché il nostro essere emette frequenze luminose che si espandono e noi onoriamo il nostro corpo, lo amiamo e ne abbiamo cura come manifestazione fisica di noi e spirituale della nostra coscienza.

Dal momento in cui sono rimasta sola, l'appuntamento quotidiano con la meditazione era diventato un supporto a cui non avrei potuto rinunciare. Era un incontro intimo con la mia parte profonda nell'abbandono della mente e, nel vuoto, assaporavo il distacco benefico da tutto. Ormai sapevo con certezza di non essere mai sola e, in quei momenti, la certezza era ancora più forte perché, nel silenzio assoluto, senza richieste esplicite, pervenivano le aperture necessarie sotto forma di messaggi, visioni, voci... Molte porte si aprivano alla comprensione di eventi presenti e passati con un'incontenibile emozione.

Così, ad esempio, mi fu dato di riconciliarmi con i miei genitori che potei vedere nel segreto dei loro cuori, scoprendoli degni dell'amore più grande e dando sfogo, per giorni e giorni, a un pianto liberatorio di commozione. Mai, però, avrei immaginato di risentirli in qualche modo o, addirittura, di rivederli.

Una notte, mentre tristissima pensavo a un evento doloroso appena accaduto, percepii l'ingresso in camera di una presenza. Spalancai gli occhi e nella stanza illuminata vidi entrare mia madre che mi disse: «Ancora sveglia?» Mi girai d'istinto a guardare la sveglia sul comodino: erano le quattro meno un quarto. Non la vidi più quando tornai con lo sguardo a lei. Era venuta a sostenermi.

In uno dei miei soggiorni all'Arthur Findlay College, a Stansted, in Inghilterra, forse la scuola di medianità più famosa al mondo, mio padre arrivò a chiedermi perdono per aver tanto sbagliato con me e a dirmi che gli veniva data un'altra possibilità di vita per rimediare all'errore.

Nel 1993 mi vennero affidati i lavori agroforestali finalizzati alla creazione del "Parco delle Noci" per il comune di Melegnano, in provincia di Lodi. Quell'area, un'ex discarica abusiva che costeggiava la ferrovia, sarebbe diventata ora, con la collaborazione di Bosco in Città e il patrocinio di Italia Nostra, una delle oasi naturali del WWF, la realizzazione di un sogno per la gente del paese.

Per la prima volta, dopo aver asportato il terreno tossico e riportato terreno di coltura, mi trovavo a dover arare e seminare e, per quella parte, prettamente agreste, volevo ricorrere all'abilità del contadino. Il progetto prevedeva la messa a dimora di milleseicento piante, una minima parte delle quali a opera delle scolaresche del luogo, la creazione di uno stagno per le anitre e diverse staccionate per i percorsi pedonali con bacheche che illustrassero l'oasi.

In quei giorni Laura si era ammalata e, avvolta in una coperta, l'avevo adagiata in macchina e portata con me. Mentre dirigevo i lavori, lei, felice della vicinanza, guardava attraverso i vetri e disegnava il cantiere.

Anch'io non stavo bene, e da un po' di tempo, ma non davo peso al problema. Non riprendendomi e sollecitata dai familiari, dopo quattro mesi di emorragia continua, mi arresi alla visita medica del Prof. Giuseppe Accinelli che mi aveva assistita alla nascita di Laura. Mi ricevette un giovedì mattina prima di Pasqua: alle diciassette di quel pomeriggio la mia bimba avrebbe vissuto la cerimonia della sua prima comunione.

Mi sottopose immediatamente a un esame ecografico il cui esito non lasciava dubbi sulla necessità di intervenire chirurgicamente, un'operazione che mi avrebbe sottratto una parte di me. Non potevo accettare quell'idea nel modo più assoluto. Avevo lavorato tanto sul mio corpo, ne avevo compreso il valore e sentivo come un dovere il mantenerne intatta anche la sua integrità fisica.

Avevo tante cose da fare con lui e attraverso lui, tanti progetti per i quali doveva essere sano e intero per sentirmi intera a mia volta. Negli spazi di tempo rubati al lavoro ufficiale, e anche prima e prima ancora, mi ero occupata della salute di tante persone e ne avevano beneficiato tutte, mi ero curata a mia volta quando non avrei dovuto sopravvivere e ce l'avevo fatta.

Anche allora la medicina ufficiale aveva dimostrato i suoi limiti e l'avevo abbandonata, dunque ci doveva essere una soluzione alternativa al problema e mille pensieri disordinati si accavallavano nella mente.

Risentivo nelle orecchie i complimenti proprio dei medici, increduli alla guarigione di Carlo, il mio autista e operaio, quando, vittima di un'aggressione a opera di malviventi, aveva riportato la rottura di un dotto deferente e, lavorando su di lui, ero riuscita a ottenere una ricongiunzione così perfetta dei lembi di tessuto strappati che nessuna operazione, a detta loro, sarebbe stata in grado di raggiungere.

Dunque doveva esserci una via e, ciecamente, nella tensione e confusione del momento, guardavo alle tante strade, dimenticando la via diretta: ovvero lasciandomi alle spalle del mondo di fuori!

Così, ancora imprigionata nei limiti della mente, esprimevo al Prof. Accinelli la volontà di ricorrere al consulto di altri specialisti, idea che disapprovava categoricamente, ritenendola inutile. Insistetti perché almeno mi indirizzasse da colleghi di sua fiducia: mi indicò allora due nomi, quello di un chirurgo e quello di uno studioso.

Scelsi quest'ultimo, il Prof. Candiani, il vecchio Candiani, un luminare, maestro di tanti medici in Lombardia e fuori. Lo chiamai subito e mi ricevette. Mi sottopose a una seconda ecografia con un'apparecchiatura più sofisticata per emettere poi la stessa diagnosi. Il problema esisteva, ma, aggiunse esattamente, nell'arco di tre mesi non si muore... Dunque avevo tre mesi di tempo entro i quali decidere la strada da intraprendere e applicarla.

Amavo Osho e pensai di sperimentare la sua forma di meditazione dinamica in uno studio, a due passi da casa, la cui titolare viveva in quel momento un problema simile al mio che attendeva di risolvere. Scartai subito quella via tanto lontana dalla mia meditazione silenziosa, profonda, raccolta, quieta.

Mi avevano parlato di un centro buddista in città, in via Marco Polo, retto dal lama Gangchen Rimpoce, conosciuto in tutto il mondo come il lama guaritore. Mi recai da lui e mi colpì immediatamente la devozione degli adepti, raccolti, in atto di adorazione e sottomissione, sotto il pulpito dall'alto del quale il lama teneva il suo sermone. Sulla parete di fondo, alla sua sinistra, si stagliava un enorme dipinto che lo raffigurava tra il

Buddha Shakyamuni e Gesù e intorno, sotto la luce fioca, risaltavano altri grandi pannelli con le immagini sacre del culto, nell'atmosfera ovattata dai tanti tappeti e oggetti sparsi ovunque, in un tripudio di colori pesanti e polverosi.

Con fatica riuscii ad avvicinarmi al suo baldacchino, più che mai distante per aver sperato in un contatto intimo, comunicandogli, con poche e sbrigative parole, il mio problema. Guardandolo dal basso in alto, lassù, mi sentivo tremendamente insignificante per lui, domandandomi anche se la mia voce riuscisse a raggiungerlo in mezzo al frastuono dei presenti che ora si erano sparpagliati intorno, rumorosi in libera uscita.

Il dubbio si sciolse quando, distrattamente, mi rispose che, alla maniera di Ponzio Pilato, rimetteva il verdetto nelle mani del medico del centro, al momento in Tibet. Avrei dunque dovuto attendere il suo rientro. Quando, qualche giorno dopo, ritornai per incontrarlo, costui, toccandomi il polso e deducendolo da un suo supposto indecifrabile sentire, sentenziò, con assoluta sicurezza, che il fisico era ormai intaccato e che, per questo, l'operazione si rendeva necessaria. Lasciandolo, riferivo al lama la sentenza ricevuta e, per tutta risposta, egli annuì solennemente col capo, ancora rimettendosi completamente al verdetto del suo medico che, se così si era espresso, così doveva essere.

Rientrai a casa depauperata di tutte le mie energie e, come ero solita fare quando, ostinatamente, avevo impiegato tutta me stessa senza trovare risposte, mi stesi a letto con la mente completamente vuota.

Incapace di pensieri, mi sentivo abbattuta e a un passo dalla resa.

È proprio in quello stato di abbandono, dopo aver cercato, provato e tentato il tutto per tutto, mettendo alla prova l'intero tuo essere, perché è questo che devi fare prima, che poi arriva in soccorso l'aiuto insperato.

Mi svegliai di soprassalto da quel torpore per il levarsi di un grido improvviso e forte nel silenzio della stanza. Spalancai gli occhi, ero sola, ma avevo sentito bene tanto alta e imperativa era stata quella voce che, nitidamente, aveva esclamato: «Non sarebbe necessaria l'operazione!». Non sarebbe stata necessaria... dunque

Io sapevo, dunque sentivo correttamente, dunque c'era una via... Ma ancora non vedevo chiaramente.

Quella notte ebbi una visione: avevo davanti a me l'immagine del lama a mezzo busto, in silenzio e, dietro di lui, un'ombra di cui si vedeva il contorno che fuoriusciva dalla corporatura del lama, essendo più vasta di lui. Ancora una volta erravo l'interpretazione di quel quadro di chiara lettura. Questo avveniva, però, nei primi anni Novanta, quando non ero ancora quella di oggi. Credetti erroneamente che l'ombra, alle spalle del lama, si riferisse ad altra persona che avrei dovuto incontrare.

Al mattino mi alzai con l'intenzione di uscire per contattarla, ma il solo pensiero mi rendeva debole, sempre più debole, come era già avvenuto, in forma dapprima più leggera e poi sempre più pesante, ogni qualvolta mi accingevo a cercare fuori, e allora leggevo il fuori come fuori casa. Quella mattina mi sentii addirittura mancare.

Mi dovetti così arrendere alla ricerca fuori di me per cercare il rimedio dentro di me. Ormai posso dare l'esatta chiave di lettura di quella visione: vedevo il lama a mezzo busto perché gli attribuivo capacità che non aveva interamente ed era in silenzio perché non aveva nulla da darmi. L'ombra dietro di lui, più estesa, rappresentava me stessa, più ampia di lui che, ignorando il mio potere, si era disposta non davanti a lui, ma alle sue spalle, sentendosi inferiore, così come mi ero sempre assegnata un posto di secondo piano rispetto al mondo esteriore contattato. Mi ero posizionata sempre alle sue spalle, quando il meglio per me era davanti e dentro di me e non andava cercato erroneamente fuori.

Questo doveva insegnare che in ciascuno di noi è racchiuso il meglio per noi e che il potere insito in ciascuno, se riconosciuto, supera quello di qualsiasi apporto esterno, perché nessuno può fare per te meglio di te.

Chi può conoscerti meglio e più di te stesso? Chi può sapere, meglio di te, di cosa hai bisogno e può essere sinceramente interessato a dartelo, più di te stesso?

Chi può amarti più di te stesso e dunque prendersi cura di te

con il massimo amore? Chi ha più potere su di te di quello che hai tu per te stesso?

La via della guarigione era ancora dentro di me e concretamente lo sentii al primo tocco sul mio corpo: l'energia che gli conferivo dava luogo a un'improvvisa e potente scarica elettrica che lo investiva, bloccando all'istante il flusso emorragico e attraversandolo tutto in un fremito diffuso. Rimasi io stessa sorpresa da questa forza che, nella ricerca, avevo evidentemente represso e che ora, libera, fluiva invadente come la furia dell'acqua di una diga spezzata.

Avevo lavorato sul corpo di altri, ma questo era il mio, sotto alle mie mani e, scorrendolo, mi sembrava di appropriarmene interamente per la prima volta, acquisendo coscienza tangibile anche della sua interiorità che partecipava alla danza.

Ne scoprivo i moti, il linguaggio, i bisogni inascoltati e ora, nell'accordo degli strumenti, tutto l'insieme cooperava al raggiungimento del risultato. Lavoravo con la mente, l'immaginazione, l'energia cosmica e mia, il cuore, le mani e il contatto con l'alto, un'intera orchestra suonava la sua musica diretta dalla mia anima e di questa orchestra ero attore e spettatore, strumento e nota, creatore e creato.

Qualcuno mi aveva detto che, rifiutando l'operazione, avrei rischiato la vita. E se avesse avuto ragione? Me lo domandavo al sorgere, di tanto in tanto, di queste parole. Le scacciavo, pensando che se altri erano riusciti in un'impresa analoga, perché non io? E, in risposta al dubbio, proseguivo con maggior impegno e convinzione, lavorando su di me giorno e notte, senza tregua.

Nel frattempo ero ritornata dal Prof. Candiani per esporgli il mio "modus operandi" e chiedendogli di accompagnarmi nel percorso con la presenza e il sostegno, senza intervenire, però, in alcun modo, perché ogni supporto esterno avrebbe ostacolato il mio lavoro. C'era stato un momento in cui, addirittura, mi ero accorta di dover evitare ogni contatto energetico con chiunque, perché anche la sola stretta di mano di un saluto interferiva con l'andamento del flusso emorragico.

Mi scusavo quindi del saluto solo verbale, ma tanto sentito, ringraziandolo per la pazienza, l'ascolto e la fiducia. In verità non si era mai astenuto dal manifestare le sue perplessità, ma aveva dovuto arrendersi davanti alla mia combattiva e ferma determinazione, pur dicendomi, di volta in volta, sorridendo: «Io scrivo, eh?...» E, a ogni incontro, prendeva accuratamente nota delle mie modalità operative e dei cambiamenti.

All'approssimarsi, ormai, dello scadere dei fatidici tre mesi concessimi, il Prof. Candiani stabilì, questa volta con fermezza, che era giunto il tempo di ripetere gli esami necessari al controllo della situazione: dunque una nuova ecografia e, soprattutto, gli esami del sangue dopo ben sette mesi di emorragia, "in caso, disse testualmente, dovesse intervenire almeno per un aiuto", quell'aiuto che avevo frenato, con decisione, più volte.

Ora, però, mi sentivo bene, sentivo da un po' di tempo, e con certezza, che qualcosa di nuovo era intervenuto dentro, **un cambiamento benefico e naturale che rendeva superfluo il proseguimento del mio assiduo lavoro.**

Ripetei gli esami nello stesso studio e con lo stesso medico che aveva effettuato i precedenti. Conosceva ormai la mia storia e poteva immaginare con quale stato d'animo mi apprestassi a quell'indagine, stato d'animo di cui oggi non ho nessun ricordo. Forse tutto in me si era paralizzato in quel brevissimo frangente di attesa ed era rimasto in una sospensione silente.

Ho solo memoria vivida del dopo, quando, con gli occhi fissi al monitor, mentre la stylo cercava tra la gelatina spalmata sul mio ventre, il medico esclamava che quella formazione non c'era più! Gli chiedevo allora, con un misto di affannosa sorpresa, se ne fosse certo ed egli, girando il monitor verso di me, mi invitava a guardare con i miei stessi occhi.

Quella doppia e gonfia cisti, la cui conformazione anomala aveva lasciato ipotizzare, e con quella certezza, il peggio, devastante a tal punto da compromettere la vita e da richiedere, precauzionalmente, un intervento chirurgico mutilante, non c'era più davvero!

Mi recai subito nello studio del Prof. Candiani che mi attendeva e, mentre egli, allungando il braccio, mi chiedeva gli esami del sangue, determinato com'era a intervenire, io gli porgevo, invece, gli esiti dell'ecografia e uscivo dal suo studio, lasciandolo immobile e sospeso con quelle carte in mano, senza parole.

Mentre percorrevo a piedi corso Ventidue Marzo, mi sembrava in realtà di volare e mi sentivo magica.

Lessi poi tutto quello che esisteva in commercio sulle autoguarigioni e mi concessi una breve vacanza con la mia bimba, abbeverandomi alla fonte di alcuni di questi libri infilati in valigia. Fu così che mi accorsi di aver messo in pratica, istintivamente, quanto trovavo tra quegli scritti e molto di più.

Avevo sperimentato direttamente su di me quelle "metodiche", tutte più o meno valide, ma tutte parziali e incomplete, come parziali e frammentari sono i tanti corsi pubblicizzati sul risveglio spirituale.

Il lavoro su di sé è più profondo, più sottile, più puro, e più ti avvicini alla purezza della fonte, più hai potere. Questo non ti viene detto, non ti può essere trasmesso e nessuno può farlo

per te. È una tua conquista.

Un giorno, mentre mi trovavo alla libreria Hoepli, dove sono di casa, mi capitò in mano un libretto dal titolo *"Guarire da sola"*, di Elisabetta Marraffa, che divorai lì per lì, proprio in libreria, perché racconta una storia simile alla mia che l'autrice scrive di aver risolto, sfuggendo all'operazione con il ricorso a un'alimentazione naturale, a discipline cosiddette alternative, all'apporto di terapeuti non convenzionali e a un ascolto attivo al richiamo della forza interiore.

Diversamente, la titolare del centro Osho, presso cui mi ero diretta inizialmente, aveva accettato il ricorso all'operazione.

Indico questi tre casi, perché includo anche il mio, a dimostrazione di tre modi diversi di affrontare lo stesso problema, il che mi riporta alla saggezza millenaria, contenuta nella ben nota affermazione di Ippocrate, padre della medicina: «Ars una, species mille».

RIEPILOGO DEL CAPITOLO 6:

- SEGRETO n. 1: nel vasto campo delle medicine naturali, quale posto assegni alla cura spirituale?
- SEGRETO n. 2: qual è la tua conoscenza in questo campo?
- SEGRETO n. 3: quali sono le tue certezze, se ne hai, e quali i tuoi dubbi con riferimento a questa via di guarigione?
- SEGRETO n. 4: hai vissuto particolari esperienze in cui il soprannaturale ti ha lasciato senza parole?
- SEGRETO n. 5: che cosa è per te il soprannaturale?

La mia autoguarigione – Anno 1994

Mi accingo a descriverti come ho lavorato su di me per restituire al mio corpo la salute, evitando l'operazione mutilante che i medici, con urgenza, mi avrebbero prescritto.

Come sempre, il ricorso allo stato meditativo è basilare per portare a quel raccoglimento profondo che ti sottrae alla mente e ti permette di dedicarti interamente all'opera di servizio su di te con il sostegno della Fonte.

Di base c'è una forza che sostiene il lavoro, una forza d'amore che collega te alla trascendenza fuori di te, che origina dal tuo desiderio di abbandono alla fiducia della presenza superiore.

Poiché l'impegno è grande, amo la posizione distesa, perché mi permette di lavorare all'infinito senza stancarmi, concedendomi la percezione completa del corpo che, in qualsiasi altra posizione, non sarebbe possibile con questa scioltezza.

Premetto subito che il procedimento è totalmente libero, non c'è qualcosa che deve essere fatto prima e qualcosa che deve essere fatto dopo, qualcosa che deve essere fatto in un modo e qualcos'altro che deve essere fatto diversamente. Non c'è tecnica alcuna. Mai, in un lavoro spirituale potrebbero esserci tecniche, non sarebbe un lavoro spirituale se ci fossero, se venissero incluse.

Fai attenzione, **il lavoro di guarigione spirituale è spontaneità assolutamente non casuale, ma espressione della libertà totale di un sentire intelligente momento per momento. Neanche tu, che ti adoperi, sai prima quello che farai un attimo dopo.**

Non c'è niente di precostituito, tutto è lasciato al sentire, al percepire passo passo. Sei indirizzato/a all'ascolto del bisogno del corpo sulla base del sentire dell'anima. Non è solo intuizione, è oltre, è una forma di coscienza che opera attraverso di te. Tu stai sperimentando te stesso/a. Ecco come cresci mentre guarisci o, meglio, come guarisci, crescendo.

Mentre faccio appello a tutta l'energia del cosmo, che mi piace identificare con le forze e la perfezione che sostengono il creato, ascolto il mio corpo e ne assecondo i bisogni. Posso avere la sensazione di guidare questa energia, ma, poiché è intelligente, in realtà è lei che mi dirige, direzionandomi nei punti che lei sa essere critici e lavorando secondo tempi e modalità suggeriti dalla risposta delle parti.

Le mani sono sempre le antenne che trasmettono i segnali e informano se devi lasciare che l'energia semplicemente lavori in quel punto o se, invece, devi muoverla e in che senso o direzione: circolare, puntiforme, penetrante, leggera come una carezza... o con il concorso di un altro punto del corpo, raggiunto con l'altra mano. Entrambe le mani operano, si avvicinano, si allontanano, si distanziano, si oppongono, danzano la musica che il corpo trasmette loro e che tu senti attraverso loro. C'è sempre unità in tutto.

In questo procedere c'è anche il linguaggio del corpo che indica quanto e come insistere, quando e come sospendere. Per esempio, quando il trattamento doveva interrompersi, perché il corpo era saturo, l'energia andava calando di intensità e provavo un senso di rifiuto, come di inutilità, al prosieguo. Il corpo voleva riposare.

Per quanto tempo ti adoperi? Appunto, lo senti. Sei

guidato/a da un surplus di sensibilità nel percepirlo e allora, se senti di fermarti o sei stanco/a, ti fermerai e proseguirai più tardi. Certo dovrai applicarti finché ne avvertirai la necessità. Io ho lavorato instancabilmente su di me per i tre mesi concessimi, prima di sentire che il terreno era cambiato, che il corpo non ne aveva più bisogno e che era inutile continuare, perché il lavoro era giunto al termine. E ho accettato di sottopormi agli esami medici prescritti.

Ancor prima di iniziare questo percorso, e ancor più poi, durante, ho rifiutato ogni supporto medico che andasse oltre il semplice sostegno di un incontro e, in questo, quell'uomo straordinario, che era il Prof. Candiani, è stato rispettoso della mia volontà, per quanto accompagnasse il mio trattamento con una buona dose di incredulità, prendendone appunti che trascriveva, di volta in volta, sulle sue carte, sorridendo.

Mi ero accorta che qualsiasi apporto energetico esterno, persino una stretta di mano, influiva immediatamente sul corpo che reagiva, intensificando al massimo la sintomatologia del disturbo, come fosse stato investito dalla scarica elettrica di un fulmine.

Questa è stata la mia esperienza personale, dettata dalla reazione del mio corpo e non dalla mia volontà. La mia energia rifiutava l'ingerenza di forze esterne, per quanto potessero essere buone, perché interferivano con la sua vibrazione e, forse, con la sua purezza. Una volta mi fu detto: «Parlate tanto di energia in quanto luce e ne sapete ancora così poco...».

Mentre ti rendi conto di quanto sia forte e delicatissimo un lavoro spirituale condotto con le sole forze sottili, potenti e penetranti della luce, insisto nel suggerirti di lasciarti guidare dall'intelligenza del corpo e dall'ispirazione dell'anima nel prendere decisioni che lo riguardano, e non da un supposto sentire della mente o di voci esterne intorno a te che non siano, eventualmente, quelle della medicina ufficiale a cui vuoi ricorrere.

Questa descritta è stata la mia inconfutabile esperienza, sorretta dalla mia fede nella capacità dell'intelligenza del mio sentire che mi ispirava e guidava, un'esperienza meravigliosa non tanto e non solo per la guarigione raggiunta, a dispetto di ogni credo medico ufficiale, ma perché mi ha permesso di sperimentare, non cosa sia, ma come operi concretamente quest'energia luminosa di cui tanto si parla e la sua potenza.

Il segreto sta dietro alla guarigione, in quel vuoto in cui ti sei immerso che è coscienza.

Quando, ad esempio, proprio con la meditazione, viene indicato di entrare nel profondo per contattare te stesso, in realtà chi stai contattando? Stai ascoltando il tuo pensiero di te o chi sei veramente? **Tu non sei pensiero ed emozioni, sei quello che sta dietro a tutto questo.**

Non sei il sentire, sei l'Essere, il vuoto dello spazio infinito della coscienza, un punto nell'universo. Quando diventi quel punto, ti espandi.

Tu sei quell'espansione, quell'emanazione della coscienza infinita di Dio. È allora che si crea la guarigione.

Dall'ormai lontano 1994 non conosco medicine perché io sono la mia medicina.

In quel tempo dedicato alla cura del corpo, che ha arricchito contemporaneamente la mia anima, molto altro è accaduto, ma questa è una storia a parte, del tutto personale, a cui accenno soltanto per aggiungere che a ognuno perverrà ciò che gli necessita, perché possa avvicinarsi, sempre di più, al compimento di sé.

Capitolo 7:
Ascolta la mente del cuore

L'amore è la via
Haim Shapira

Oggi mi accorgo che tutti i traguardi raggiunti cominciarono a prendere forma dal momento in cui fui concepita, quando mio padre, vedendomi per la prima volta, intuì in quella sua creatura un tratto distintivo, quando, piccolissima, sentivo e pensavo da grande, quando, crescendo, percepivo la chiamata a qualcosa che era sulla mia strada, ma andava scoperta, compresa e accettata, qualcosa di ignoto che mi accompagnava, generando in me interrogativi e una sorpresa commozione.

Mi sentivo espandere in quei momenti, come levitassi nell'aria. L'idea che potessi volare mi aveva sempre accompagnata fino al momento in cui le grandi prove, non facili da superare per un bagaglio di formazione troppo limitato e compresso, mi avevano abbattuta come un albero spezzato. Tuttavia, ogni volta, trovavo sempre, nella profondità dell'anima, risorse incredibili che diventavano luce in fondo al tunnel e mi rialzavo ferita, ma più forte.

Ero nata con quelle risorse, con quella natura così sensibile ed espansa **che nessuno aveva compreso,** capace di percepire le più sottili vibrazioni del mondo e che mi rendeva schiva sotto l'apparente comunicabilità, sospesa da terra e divisa tra le due realtà, umana e spirituale, che ancora dovevano unirsi, o lo erano, ma non ne avevo consapevolezza.

«Eppure - scrive Dyer - l'io di quel corpo è lo stesso io infinito che ora ricorda così bene!».

Quella natura, indole, carattere, personalità sono il primo nucleo necessario alla musica del progetto per il quale hai scelto di essere qui. Poi devi formarti per realizzarlo e, tra le tante scuole, quella della vita è la via maestra. Solo l'esperienza insegna. Puoi leggere tutti i libri del mondo, frequentare tutti i corsi in commercio, attraversare il mare alla ricerca di maestri illuminati, ma se tutto non viene elaborato dentro di te per averlo vissuto, rimane parola di cui non puoi conoscere il frutto.

In quel meraviglioso libretto che è *"Io sono"*, la voce della Fonte si pronuncia per dire: «A te, che per lunghi anni, vagando avanti e indietro, hai cercato con ardore nei libri, negli insegnamenti, nelle filosofie, nelle religioni, non sai neppure tu cosa, afferrando **un barlume della verità**, solo per riconoscere che essa si dileguava subito, come il miraggio del deserto. A te, che credesti d'averla trovata in qualche istruttore, solo per risvegliarti, più tardi, alla scoperta che quel maestro era soltanto una persona umana, con difetti, debolezze e colpe segrete, pur avendo potuto essere il tramite di splendidi insegnamenti, apparsi a te come la più alta verità. A te, di nuovo stanco e affamato, io dico: **se sei pronto a riceverla, allora fa' cuore**», perché il segreto di tutto è racchiuso in questo magico organo pulsante che è il nostro cuore.

Nel Corano, versetto otto/ventiquattro, si legge: «Dio si colloca tra l'uomo e il suo cuore».

Se io chiedessi: dove si trova il cuore? No, non è racchiuso solo, come uno scrigno, al centro del petto. Una mattina, ancora a letto, stavo lavorando seduta tra mille carte, come sono solita fare quando non c'è tempo da perdere, perché le cose da sbrigare sono tante, e, indaffarata com'ero, mi perveniva la chiamata di un'amica di Genova. Mi cercava perché la sorella, che non conoscevo, soffriva di una forte forma influenzale che, a detta dei medici, comprometteva l'udito di un orecchio e mi chiedeva aiuto.

Senza perdermi in preamboli, mi mettevo subito in contatto con questa sorella, lì per lì senza avvertire differenza tra l'orecchio sano e quello sofferente. Capita, quando si tratta di organi gemelli! Sapendolo, lasciai passare qualche minuto e riprovai: sul palmo della mano sinistra sentii disegnarsi la coclea, indicando così l'orecchio leso, mentre entrambe le mani e i polsi pulsavano di tanti piccoli cuori.

Credo che ogni cellula del nostro corpo vibri del suo cuore, come ogni organo, ogni tessuto, la nostra stessa pelle, cuori che pulsano, all'unisono col cuore sovrano nel petto. Ho avuto modo di vedere che le cellule del cuore, prima di raccogliersi a formare il nostro organo vitale, appaiono a forma di cuori vibranti. Vibrano della vita che sboccia e dell'amore che le ha originate. La vibrazione sta alla vita come la vita sta all'amore e il ricettacolo dell'amore è il cuore che diffonde, in ogni più piccola parte del nostro essere, il suo battito.

Credo anche di poter affermare che ognuno di noi abbia deciso questa esperienza umana per apprendere le necessarie lezioni terrene, e anche più di una in particolare: il coraggio, l'onestà, la pazienza, il perdono, la giustizia, la compassione... Io so di essere venuta per aprirmi all'amore, di cui sono stata privata proprio per imparare a estrarlo dalla memoria in cui era racchiuso, perché nulla è fuori di noi.

La vera conoscenza va solo ricordata. Veniamo dalla luce per attraversare il buio e ritornare, arricchiti, alla luce.

Il mio cammino è stato lungo e doloroso, irto di ostacoli e difficoltà, perché la lezione d'amore doveva arrivare all'essenza ricca di tutte le sue sfaccettature. Ho vissuto un'infanzia estremamente solitaria, sospesa tra terra e cielo grazie a un sentire profondo che trovava conforto nella comunicazione diffusa con ogni cosa, soffocando le carenze con il ricorso alla mia anima delicata, ma forte. Questa forza mi ha aiutato a contenere debolezze, paure, barriere, alzando muri fragili che non mi impedivano il fluire delle emozioni della vita.

Più tardi, però, avrei dovuto apprendere l'arte di saper correttamente governare le emozioni del mio intimo, correggendone il flusso attraverso la comprensione del significato degli eventi dolorosi, richiamati dalla necessità di educare al dominio della personalità e della mente. Ho lavorato molto su me stessa, imparando a osservare e ad ascoltare le varie parti di me.

«Quando si cerca di imparare una nuova lingua, si ha bisogno di un po' di tempo per familiarizzare con i nuovi suoni ed essere poi in grado di riconoscerli. L'ascolto è uno dei mezzi che abbiamo a disposizione per tornare a noi stessi e, per poterlo fare, è importante imparare a riconoscere quegli elementi in noi con cui abbiamo avuto scarso contatto e che ora possiamo, piano piano, scoprire. Un ascolto profondo vuol dire sapersi fermare e lasciarsi pervadere dall'oggetto dell'ascolto, diventando tutt'uno con esso». (da *"Un ascolto profondo"* di Thich Nhat Hanh).

È un atto di attenzione gentile e di accoglienza affettuosa. Così sei in grado di vedere e modificare, fino a rimuovere, le percezioni erronee su di te e su di altri, il che trasforma la tua persona anche nella parola, nel gesto, nell'azione. È come se una luce ti investisse e ti aprissi all'illuminazione che non è tanto e solo cambiamento, quanto riconoscimento. È il ritorno al bambino dentro di noi che è stato ad aspettare a lungo in uno stato di rifugiato, perché non abbiamo mai avuto il tempo, ma soprattutto la capacità di prenderci cura di lui nell'affanno della vita quotidiana.

Ora sai tornare a lui per ascoltarlo in tutto il suo bisogno di tenerezza e per permettergli di esprimersi, superando ombre e paure portate alla luce dal buio dell'inconscio. Farlo, non è così semplice come dirlo. Comporta dolore, volontà e un grande sforzo pari a quello che abbiamo usato per relegare la nostra parte bambina in una delle tante stanze dentro di noi.

Bisogna prendere per mano quella parte e accompagnarla a risentire le emozioni negate e represse, le frustrazioni, la rabbia, la tristezza, renderle amiche per poi lasciarle andare, perché hanno fatto il loro tempo e non servono più, mentre il cuore si apre e si espande in un fiume di energia.

Per apprendere l'amore, però, c'è voluto tempo, tanto tempo, perché l'amore si impara e nessuno me lo aveva insegnato e quando non l'hai mai ricevuto, non sai cosa sia. Ci ha pensato la vita e poiché il vuoto d'amore, negli anni, era diventato una voragine, ho avuto bisogno di prove ripetute e durissime prima di potermi aprire al sentire del cuore.

È stato un cammino lentissimo volto al recupero della mia vera natura soffocata sotto la coltre di imposizioni, rigidità e abbandoni. Nell'educazione di Laura, ad esempio, c'erano momenti in cui mi rendevo conto di parlare come mio padre parlava a me. Per quanto allora mi facesse male, ora mi sembrava giusto, perché, dopotutto, ero cresciuta con sani principi che a mia volta dovevo trasmettere.

Allo stesso modo, a volte rivedevo in me mia madre quando gesticolava e si esprimeva in un certo modo per mettere ostinatamente in risalto il suo punto di vista. Quanto sarebbe stato meraviglioso, invece, saper stringere la mia bimba tra le braccia per manifestarle tutto quell'amore che voleva e che anch'io avevo desiderato tanto!

Il fatto è che nessuno insegna a essere genitori e così filtri il senso di responsabilità attraverso la formazione ricevuta e se non ti sei ancora permessa di scoprire la bellezza del tuo essere, non saprai trasmetterla neppure a chi ti è più caro al mondo! È una forma di miseria che trascini con te, in luogo della bellezza dell'amore che ti appartiene e che persino un senso di pudore ti impedisce di manifestare, perché non hai ancora familiarizzato con lui.

Alla luce del cammino di trasformazione, mi rendevo conto di aver abdicato al mio sentire per diventare altro da me, di essermi trasformata nel prodotto del mio ambiente di vita che andava superato e vinto non con la rigidità della difesa, ma con la flessibilità della comprensione, del perdono e dell'ascolto della mia vera voce originaria che avevo soffocato in difesa della vita.

Anche questo tipo di ascolto va appreso, esercitandoti a voler vedere, toccare e sentire, come se prima non l'avessi mai fatto, i tuoi sensi, prestando attenzione alle parole che usi mentre parli e guardando negli occhi la persona a cui parli per imparare a leggerne e a rispettarne i processi, individuando i tuoi comportamenti autodistruttivi e domandandoti perché li compi, combattendo le meschine resistenze alla paura e al cambiamento.

Scegli a ogni istante chi sei e per questo è importante dare tempo alla sofferenza di essere impregnata di saggezza e al dolore la possibilità di essere abbracciato. Ci sono cose che si possono fare in fretta e altre per cui bisogna aspettare che nascano e maturino.

Cerca dentro di te la verità che sei e non permettere che altri ti impongano la loro. "Quando comincerai a entrare in contatto con te stesso, avrai l'occasione di fare una vera esperienza della vita, della felicità e della pace, perché sarai in grado di sbarazzarti di moltissime cose che in passato ti hanno tenuto prigioniero".

Comprendere e accogliere te stesso, guida alla comprensione, all'accoglienza e alla comunicazione costruttiva col prossimo, creando l'unità che siamo. Quando sarai coinvolto nel processo del divenire, non potrai più fermarti, tanto è meraviglioso.

Nikos Kazantzakis suggerisce: «Prendi il pennello e tutti i colori del mondo, disegna il tuo paradiso e prendine possesso!»

Se da bambino non hai avuto amore, ora che sei cresciuto e sai che in te c'è tutto, non lamentarti più, non perdere tempo, cerca dentro di te questo tuo amore prigioniero, scovalo, liberalo ed estrailo. Sapessi da quanto tempo ti sta aspettando per abbracciarti!

Come puoi fare? Appunto guardandoti e scoprendo la meraviglia che sei. Quando lo troverai, sarai finalmente padrone di te stesso e libero e questa libertà ti metterà le ali per volare dove vuoi. Non c'è ricchezza più grande di questa libertà assaporata e conquistata. Poi, se ancora cerchi un compagno di vita, non sarà per appoggiarti a lui, ma per condividere con lui quello che siete, perché saprai accoglierlo e comprenderlo e anche, ora che sai come si fa, essergli di aiuto perché anch'egli possa espandere i suoi doni. Ora saprai muoverti e godere di tutta la tua maestria necessaria alla condivisione di un'alleanza benefica e creativa per entrambi!

"L'amore è il processo che ti riconduce dolcemente a te stesso". (Antoine De Saint-Exupéry).

Quando siamo nell'amore, siamo dolcemente noi stessi, delicatamente e sensibilmente noi stessi. Se saprai rivedere con attenzione il percorso da bambino ad adulto, ti potrai specchiare nell'immagine di crescita-formazione-vuoto in cui vedrai chiaramente la modulazione dell'amore nel tragitto attraverso un quadro così preciso e minuzioso da averne nel pugno di una mano i passaggi. Non è mai un percorso facile, e non potrebbe esserlo, ma, una volta compreso, non è poi così diverso dall'acquisizione di uno studio assimilato e messo in pratica, articolato e forzatamente profondo quanto le viscere dell'essere umano.

Nella perfezione del risultato finale è il compimento di un disegno meraviglioso, un'opera d'arte del tutto privata e personale: il tuo capolavoro.

Franco, con parole dall'alto, mi diceva: «Quando sarai, ti chiederai: tutto qui?», perché, alla fine, ti sembrerà tutto così semplice da stupirti di esserci arrivata solo dopo tanta fatica e

tanto impegno. Tuttavia, se anche te l'avessero potuto descrivere prima, pur nei minimi particolari, non avresti mai potuto comprendere il tragitto senza averlo vissuto, tanto è stato un insieme di piccoli passi precisi e collegati l'uno all'altro, un cammino con tanti incroci, cartelli, sentieri e dirupi, con tante cadute, soste e riprese, sempre credendo di essere arrivata alla meta quando ancora le strade erano tante, e non potevi sapere che saresti stata sempre in cammino...perché tutti abbiamo un compito e il lavoro non finisce qui.
Continuerà anche dall'altra parte.

«Non penserai di poterti rilassare su una nuvola. È un processo». (da "*Solomon Speaks*").

Benedetto tu sia se hai saputo mantenere vivo il contatto col bambino che sei stato che sempre, per tutta la vita, ti sussurrerà all'orecchio la sua autenticità, conferendo sapore di leggerezza e freschezza al lavoro della vita e illuminandola della sua capacità naturale di sognare il mondo che vuoi e che puoi realizzare, perché il tuo mondo è dentro di te. Quello che vedi è solo apparenza. Niente è più duttile del mondo: se soffri, il mondo soffre con te, se gioisci, il mondo gioisce con te, se in te c'è bellezza, la vedrai ovunque nel mondo... perché il mondo sei tu.

Allora non ridurlo con il predominio della mente che, votata al controllo, razionalizza sterilmente ogni cosa, depauperandoti della tua vitalità. Non inglobarlo nella tua rabbia, nel rancore, nella paura che ti paralizza, nel dolore che non sai accogliere. Riempilo di luce. Non aspettare di essere strappato dalla tua comoda zona di comfort dal sopraggiungere di eventi limite che hanno la funzione proprio di costringerti a scegliere se sprofondare nell'angoscia o risorgere, nuovo, con l'avvio a un processo di trasformazione che risponde al grido della tua anima, troppo a lungo inascoltata. Allora sarai costretto a spostare, finalmente, il tuo sguardo dal fuori al dentro.

Sei qui per essere felice, è tuo diritto e anche un tuo dovere esserlo. Risparmiati, se puoi, prove più numerose di quelle necessarie alla tua evoluzione.

Pensa, ad esempio, che la paura, che è il contrario dell'amore, è la vera causa di ciò di cui hai paura, perché prima sei nella paura e poi appaiono gli eventi di cui hai paura. Il mondo che ti spaventa non può essere più forte di te se è una tua creatura, come la rabbia, la colpa, tre sentimenti che avvelenano l'anima. La paura gela il cuore, l'amore lo riscalda, la paura blocca la ricerca della verità, l'amore ne apre la strada, la paura arresta l'azione, l'amore ama agire e correre generosamente in soccorso, la paura isola, l'amore avvicina, la paura è contrazione, l'amore è espansione.

Molte sono le strade che ti riconducono a te, scegli quella che fa vibrare il tuo cuore. Avvicinati, dunque, in punta di piedi al tuo mondo interiore, perché c'è tanta dolcezza in te che chiede di essere vista per non subire più violenze. Guardati con occhi nuovi e arrenditi all'amore che sei. La tua essenza è amore puro.

Vivere nell'amore è vivere nella vita, e "se vuoi scoprire la vita, cercala dentro di te". Lo dicono i Testi Sacri, il Corano, la Bhagavad Gita, il Buddha, il Tao, Gesù... perché in te c'è tutto.

Così io, dopo il lacerante verdetto che avrebbe mutilato il mio corpo, decidevo di adoperarmi, ancora una volta, per la sua guarigione, cercando in me gli strumenti sottili del mestiere. Io avvertivo le sue esigenze e adattavo i passaggi ai suoi bisogni, lui sentiva i miei passaggi e inviava risposte chiare.

Ci muovevamo all'unisono, senza stanchezza, escludendo l'intorno intero, tanto eravamo presi da noi! **Se avessi permesso ad altri di operare su di me, non avrei potuto sperimentare e scoprire tangibilmente come si fa a guarire davvero, orchestrando insieme le mie energie, il pensiero, l'anima e la Fonte.**

Compresi poi che questo problema aveva la funzione di purificazione del mio corpo dall'accumulo delle scorie di tanto dolore, mentre la prima esperienza, risoltasi tutta con l'apporto superiore, aveva avuto lo scopo di incanalare i miei passi in quel percorso spirituale che è la scoperta di sé.

E con quale splendida magia la vita aveva architettato questo percorso, con quale delicatezza e insieme costruttiva forza, con quanta precisione e perfezione che solo lei sa avere e che sta all'uomo scoprire!

Mi aveva permesso di avere tante dimostrazioni del potere insito in noi, a cominciare da quei, forse primi, fenomeni poltergeist che tanto mi spaventavano, ma che erano proprio espressione dell'eccesso di energia che possedevo e che non riusciva più a contenersi, per arrivare poi all'intuizione spiccata, alla chiaroudienza, alla precognizione, alla visione superiore, al contatto col mondo che definisco dell'alto, identificato per me nella Fonte, non perché sia sopra di noi, ma perché è il Tutto a cui noi, semplici gocce del mare, dobbiamo imparare a ricongiungerci.

Quella presenza, cercata inizialmente per la guarigione fisica e che non si sarebbe mai interrotta, era stata la scuola che aveva aperto il mio essere multidimensionale, di cui non sapevo ancora l'esistenza reale, se non per sentito dire. Ora lo sperimentavo e mi sembrava così semplice da non ricambiare, sulle prime, quell'insegnamento con tutta la gratitudine possibile per la preziosità del suo valore. Se lo avessi fatto, oggi avrei una ricca documentazione dell'esperienza vissuta che le parole ben poco traducono.

L'esperienza continua, ma allora, all'inizio, era tutto un fluire di dati che pervenivano con la copiosità dell'amore capace di tradurli nella bellezza di vocaboli e musiche celesti, non proprie dell'essere umano. Ora, invece, si aspetta che, come prodotto di quella scuola, sia io a saperli produrre ed espandere. È una responsabilità, questa, molto delicata e precisa, che richiede umiltà, onestà e chiarezza d'intenti per saper preservare quella purezza e quella vibrazione che sono proprie dell'anima.

Per la stessa ragione, pur percependo la chiamata al compito per il quale mi si stava preparando, mi sentivo sempre troppo piccola e troppo limitata per poterlo svolgere con la competenza che un ruolo così delicato richiede. E forse il tempo dell'azione non era ancora quello se, nel momento in cui, con le mie trasmissioni televisive, stavo progettando l'apertura di uno studio di cura spirituale, la vita intervenne, mettendo sulla mia strada quell'incontro "casuale" con Carlo, amico di Franco, per indirizzarlo ad aprire una fabbrica di scarpe, le scarpe che mi avrebbero permesso di non camminare a piedi nudi, perché sarebbe stato più difficoltoso e avrei potuto farmi male.

Carlo era l'inconsapevole aiuto che mi veniva inviato nel momento in cui cercavo una via per mantenere la mia famiglia. Così nasceva l'Azienda.

«Per il momento fai questo» mi fu detto e, appunto, quel "per il momento" lasciava intendere la temporaneità dell'occupazione. Anche quel "fai questo" non era però cosa da poco né una cosa qualunque. Richiedeva competenze, preparazione, esperienza. Era occuparsi della natura e della sua salute, ripristinandone l'integrità offesa con il recupero dello stato antecedente, era coltivarla per arricchirla, era guardarla con il rispetto di tutto ciò che è vivo e sacro, perché «non c'è nulla in cui io non sia, la mia coscienza è ovunque: nella terra, nell'acqua, nel seme, nel fiore, nel cuore di ogni cosa io vivo». (da *"Io sono"* Conte di Saint Germain).

Così, momentaneamente, passavo dalla cura dell'anima alla cura della natura, mio amore da sempre, e quel "momentaneamente" dura da ventisette anni, tanto quell'amore ha saputo annullare il tempo.

Il mio rapporto con Carlo è stato tutt'altro che semplice, ma niente ancora doveva essere semplice nella mia vita, tesa a cogliere ogni opportunità per insegnare.

Così aveva scelto per me un compagno di viaggio speciale nella peculiarità del suo essere primitivo, ingenuo e sprovveduto, inconsapevole da rasentare l'incoscienza, eppure buono e disponibile, onesto e generoso. Ipocondriaco all'eccesso, interpretava catastroficamente ogni più piccola sensazione corporea, causandosi danni da analisi invasive e medicine inutili, volte al controllo ossessivo di ogni minima percezione fisiologica.

Nutriva per me una stima incommensurabile e approfittava dei suoi acciacchi, presunti e reali, per cercare di essere assistito da me. Ben poco considerato in famiglia per quel suo essere inaffidabile, era di fatto una persona sola. Più volte mi prestavo per lui, rendendomi conto di quanto calore possa trasferire il semplice tocco del corpo. Credo gli arrivasse come il riconoscimento della sua presenza e, dunque, come una forma di nutrimento, la voce che gli diceva: «Sono con te, siamo insieme», perché l'uomo ha bisogno di qualcuno che gli voglia bene.

In questo quadro, reale e forse poco edificante, io lo riscatto per la presenza costante, sempre fedele al suo ruolo.

In uno di quei giorni, mentre sfaccendavo in casa, accadde che mi sentissi improvvisamente trasportare altrove, forse in un'altra dimensione, certo in un regno di pace assoluta e indescrivibile umanamente. Ormai so bene come emozioni e sentimenti siano totalizzanti ed espansi, profondi e delicati in altri mondi e risuonino sempre della loro musica perfetta nella modulazione dei tocchi e sconosciuta a chi non ne abbia fatta esperienza diretta.

Se è possibile avvicinarsi alla descrizione umana di qualcosa che umano non è, la pace era ovunque in quello spazio senza confini, di più, tutto era così impregnato di pace da essere la pace stessa. Allo stesso modo venivo investita da un senso di quiete, di leggerezza e di espansione così coinvolgenti da diventare io stessa leggerezza e pace.

Contemporaneamente mi venivano trasferite anche delucidazioni sparse, chiare e amorevoli, circa le modalità di affrontare alcune ripetitive e insistenti problematiche di vita, ma senza per questo sentirne il peso, perché niente intaccava quella condizione di armonia assoluta, di grazia piena e di puro amore.

Rimasi in quello stato di beatitudine per tre giorni consecutivi. Ci fu un momento, però, in cui volli mettere alla prova, quasi sfidare quella realtà, per percepirne più fortemente la concretezza, infiltrando, nel contesto paradisiaco, l'interrogativo:«E il lavoro?» che sintetizzava la preoccupazione per le difficoltà di quel compito tanto impegnativo e tutt'altro che facile.

Immediatamente dovetti abbandonare la presa terrena, perché tutte le cellule del mio cervello si strinsero in una morsa dolorosissima e insostenibile, mentre una voce mi diceva soltanto: «Questo non è importante» e come il sasso, gettato nello stagno, infrange solo momentaneamente lo specchio d'acqua, così si ristabiliva la quiete in un abbraccio prolungato e ancora più stretto dell'intero mio essere.

Dopo tre giorni di silenzio e di totale raccoglimento con quel mondo, tornavo alla realtà, prendendo coscienza, solo allora, delle modificazioni avvenute in me che avrebbero richiesto giorni per tornare lentamente alla contenuta fisicità dell'essere umano, ancora diviso tra la forma espansa, che andava ritirandosi, e la corporeità, che andava affermandosi, mentre mi muovevo, aerea e leggera, come in una nuvola.

Comunicare con Carlo era una delle priorità e, convocandolo, mi accorgevo stupita che, parlandogli, la mia voce aveva un altro suono e un altro timbro. Era pacata, dolce e distesa e, contemporaneamente, ero rapita anche da quanto gli stavo trasmettendo. Le osservazioni, che in un altro tempo sarebbero state severe e imperative, ora erano parole dolcissime e improntate alla comprensione più amorevole. Carlo mi ascoltava incantato e annuiva sorridente ed estatico, come se tutto gli fosse chiaro e giusto e nessuna ombra dovesse mai più offuscare il nostro rapporto e la condizione lavorativa. Purtroppo poi non fu esattamente così e quando, in seguito, confidai dispiaciuta a qualcuno le sue persistenti intemperanze, giustamente mi sentii rispondere che io avevo vissuto quell'esperienza e non lui.

C'è da dire che, nella sua semplicità estrema, come è proprio di anime così candide, Carlo era a sua volta un canale aperto alla

comunicazione con l'alto attraverso uno stato di trance inconscia. Con questa modalità, molto tempo addietro, mi era stato detto che sarebbe arrivato il giorno in cui mi avrebbe lasciata, facendo precedere la notizia ancora da un "purtroppo"... Non capii esattamente il senso della frase, in quel momento, né le prestai particolare attenzione, tanto la presenza di quest'uomo fosse necessaria, ma contemporaneamente problematica, eppure per certi versi addirittura insostituibile.
Non per niente mi era stato inviato!

Carlo è mancato improvvisamente un sabato mattina di tre anni fa, stroncato da un infarto fulminante mentre, com'era solito fare, accompagnava a casa l'ultimo caro amico ammalato da tempo. Solo la sera prima, quasi parlando più a sé stesso che a me, considerava tristemente di essere rimasto solo, perché tutti gli amici se ne erano andati. **È incredibile quanto la perdita irrevocabile di un essere umano accantoni all'istante vuoti e mancanze per valorizzarlo soltanto nella sacralità dell'assenza.**

E allora ogni debolezza, errore, ostinata prepotenza,

incomprensione, sfuma nell'amore che tutto sublima e riveste di nostalgia i tanti giorni condivisi, coprendoli di pietà e di bellezza.

E ti domandi se anche tu avresti potuto essere migliore...per accorgerti che si può sempre essere migliori.

Ancora una volta ero rimasta sola. Ora, però, c'era tanta forza in me, originata dalla chiarezza del mio sentire profondo, a lungo ascoltato e accolto, chiarezza e forza che potevano sopperire a qualsiasi assenza e che mi conferivano un senso di armonia interiore e di indipendenza da qualsiasi influenza esterna.

Ormai era lontano lo sguardo rivolto al passato per piangere, anzi lo amavo come cuore del percorso che aveva portato alla luce il mio essere, e non su quelle rovine, ma su quelle fondamenta potevo costruire solidi muri. Il grande dolore era oggi comprensione allargata di ogni cosa e quella originaria capacità di penetrare e cogliere l'anima di tutto era guida illuminante alla luce della consapevolezza acquisita.

«Sei un elfo», mi dicevano, e il riferimento alla natura, per cui lavoravo, veniva da me esteso a tutte le cose, qualcosa di intimo che solo io sapevo. Ho sempre avuto accanto guide preziose, disponibili a tutti coloro che perseguono la ricerca di sé. Non ho risolto tutti i problemi concreti della vita, ma so che si possono risolvere con pazienza, coraggio e fiducia attraverso le capacità di sentire e di vedere, così affinate ed estese, e sapendo di non essere mai sola.

«Chiedi e ti sarà dato, bussa e ti sarà aperto, cerca e troverai» (Luca 11,1-13). Il mio dialogo con l'alto, che accompagna ogni mio passo, non è mai rimasto inascoltato. La Fonte è l'Onnipresente che conosce i tuoi bisogni prima di te e non sei tu più degli uccelli dell'aria e dei gigli del campo, perché Egli pensi a te affinché nulla ti manchi?

Nell'abbandono a lui arriva la risposta e la soluzione ai tuoi affanni. Se mi fosse dato di consigliare qualcosa, farei riferimento a quel raccoglimento, tutto personale e soggettivo, che è la meditazione, un contatto silenzioso con te e l'immensità.

Quando, alla luce della mia esperienza, ho incominciato ad

aprirmi con cautela al mondo di fuori per percepirne le voci e mi sono imbattuta nelle tante tecniche che si presume di insegnare, ho provato un senso di fastidio e di rigetto talmente forte che tutto il mio essere ne veniva attraversato in un fremito diffuso.

Ogni tecnica devia da quello che tu spontaneamente saresti se ti abbandonassi al tuo personale sentire. È un indirizzo esterno a te di cui non solo non hai bisogno, ma che rischia di indurti a mettere da parte te stesso per fare affidamento su qualcosa che non ti appartiene, perché viene da fuori di te.

Una tecnica può essere solo l'indicazione o il suggerimento di come si può fare una cosa per affidarti poi alla tua voce interiore. Lasciati guidare da lei che ti conosce e ti rispetta. In te non ci sono tecniche, ma un fluire libero che ti corrisponde e che non ha schemi, ma si modula sul sentire e sul bisogno del momento. Meditare è vuotare completamente la mente, perché solo una mente vuota può essere riempita delle verità che ti accingi ad accogliere.

Abbandonati, dunque, al contatto con te in qualsiasi momento tu ne senta il bisogno o il desiderio e in qualsiasi posizione o luogo tu voglia, senza preoccuparti di nient'altro all'infuori di te. Affidati all'ascolto, semplice testimone, senza interferire, così l'interiorità accade come una guida e affiora in te, sale dal profondo e raggiunge la mente, fornendo indicazioni, suggerimenti, rivelazioni che sembrano apparire dal nulla.

Vengono dal trascendente dentro e fuori di te. Tutte le grandi scoperte sono intuitive, opera della guida interiore emergente dalla meditazione.

Per Osho, yoga, mantra e rituali sono tecnologia, frutto della mente; per Deepak Chopra, invece, il mantra è il suono di potere che suggerisce ai suoi adepti nella pratica della meditazione trascendentale. Capisci come ognuno afferma soltanto il suo credo, il suo personale pensiero?

Ma quando tu ti esprimi attraverso la tua voce interiore, quella è la tua verità. E tutto ciò che si aggiunge alla tua voce, per renderla assurdamente più vera, è solo un inutile orpello che disturba e falsa la perfezione del tuo sentire. Io ho meditato tanto, trovando in me rifugio, sostegno e risposte.

Da tempo la mia meditazione è diventata non più un momento, ma un abito invisibile che semplicemente mi accompagna, sovrastando i pensieri della quotidianità. Del resto la meditazione è in te ogni volta che il chiacchiericcio della mente si placa, quando sei nello stupore e nella meraviglia di un tramonto, quando ti incanti a osservare il cielo stellato, quando ti abbandoni alla melodia di una musica, quando sei rapito dall'incanto della natura... Quanto più i tuoi sensi si affinano, tanto più ti verrà familiare questo stato meditativo, perché percepirai la meraviglia ovunque, in te e fuori di te.

Non lasciarti indurre mai a uscire da te stesso per smarrirti, non sai neppure tu dove, perché nel tuo centro c'è la stabilità che ti armonizza e che anche una piccola deviazione potrebbe compromettere. La stabilità è il tuo centro di forza che i dubbi, la paura, la stanchezza possono attaccare. Allora osserva i tuoi pensieri, ascoltati e ricorda che attrai, per risonanza, ciò che è in linea con la tua vibrazione, più semplicemente, ciò che sei.

Oggi si parla tanto di luce e quando ci si sente dire, da ogni dove, che siamo luce, beh, ci piace tanto, è magnifico essere luce, è un'immagine bellissima. Ma che luce sei se luce non fai? E qui non si tratta di fare, ma di essere. Se tu sei, allora emani luce, e niente è più forte della sua vibrazione.

Le persone carismatiche attraggono e, contemporaneamente, sono temute perché emanano luce che è potere, un potere pericoloso per chi è deputato al mantenimento dell'ordine costituito, un potere contagioso per chi è assetato della verità che sta cercando e che ancora non ha fatto sua, cosicché, tornandosene a casa, gli risuonerà dentro, appropriandosene come provenisse da lui.

«Una sorta di effetto farfalla, - dice Sibaldi - dopo di che, incominciando a percepire i primi sussulti del tuo GRANDE IO, non fai che imparare, cioè cercare, trovare e stupirti delle tue scoperte e di volere e saper progettare molte più cose di quante riuscivi a sognarne prima».

Investito di una vitalità nuova, ti accorgi che si può cambiare, anzi, che sei già diverso da com'eri un momento prima, e ti lasci sommergere da un fiume di domande che, improvvisamente, salgono in superficie.

È il momento in cui puoi accorgerti di desiderare per te un cambiamento epocale. Ancora forse non lo vedi chiaramente, ma potresti chiederti come tu abbia potuto abbandonarti alla corrente pressante che ha soffocato il tuo essere, incanalandoti in una vita di sola sopravvivenza.
Il fatto è che in te hanno albergato le tante voci di una folla numerosa di presenze diverse: genitori, educatori, insegnanti, amici, preti che hanno soffocato la tua voce e che è tempo di lasciar andare. Liberati dal groviglio di quel mare di condizionamenti e scopri, nell'intimo, il significato dei tanti traumi accumulati che puoi sciogliere alla luce della comprensione che ti hanno permesso.

Riconosci che il tuo passato è servito per portarti dove sei ora e benedicilo. Non ci sono errori né colpe da perdonare, tutti quei personaggi, te compreso, sono stati perfetti attori nella commedia di quella parte della tua vita che ora vedi e puoi leggere. Sorridi delle incomprensioni che adesso ti illuminano, perché tu sei più di quello che credi di essere.

Stai finalmente arrivando dentro di te e ora puoi fare passi da gigante. Domandati che cosa ci fai qui e cosa vuoi essere. La scoperta di te è il viaggio più stupefacente che tu possa compiere. **Ognuno di noi ha un suo compito da adempiere, per questo ognuno di noi è prezioso.**

Quando mi lamentavo con l'alto delle "intemperanze" di Carlo, mi veniva detto: «Anche il dito mignolo del tuo piede è importante». E Carlo ha svolto il suo ruolo.

RIEPILOGO DEL CAPITOLO 7:

Contatto con la tua guida interiore

La visualizzazione consiste nell'usare l'immaginazione per realizzare ciò che vuoi, la stai già usando nella vita di tutti i giorni. Ora serviti di lei per avere un contatto con la tua guida.

Cerca un luogo in cui tu possa sentirti tranquillo/a senza il pensiero di essere in qualche modo disturbato/a.

Mettiti in una posizione comoda: seduto/a o sdraiato/a è indifferente.

Comincia a pensare di rilassarti, abbandonando lentamente il tuo corpo: inizia dai piedi per arrivare su su fino al capo, alla tua mente.

Svuotala da ogni pensiero e non preoccuparti se ti sembra difficile, se i pensieri che vuoi scacciare si affollano più numerosi: sii paziente e riuscirai nell'intento. Tuttavia, se qualche disturbo ancora permane, mantieni viva l'intenzione di abbandonarti all'incontro cui aspiri. Più riesci a essere disteso/a nella fiducia che la tua guida è già lì con te e lo è da sempre, più ti sarà facile percepirla.

Questa esperienza non ha nulla di trascendentale, è naturale come il dialogo con l'amico di sempre, lo stesso che mantieni costantemente con te. Ora lo condividi con chi è più vicino a te e parte di te.

Potrebbe arrivare spontaneamente, se il tuo desiderio era vivo da tempo o se, semplicemente, ti stava solo aspettando e, se accade, è perché tu la chiamavi da tanto anche inconsciamente, comunque chiamala ancora, in questo momento, perché lei è molto delicata e rispettosa della tua intimità e, soprattutto all'inizio del tuo dialogo con lei, si aspetta di essere convocata rispetto al proporsi autonomamente.

Oh, avverrà in seguito! E senza che tu abbia bisogno di assumere posizioni speciali o debba ritirarti in luoghi isolati. Può presentarsi a te all'improvviso, mentre guidi, giochi, sei al supermercato, anche mentre stai parlando con qualcuno per suggerirti un'indicazione preziosa per te o per quella persona a cui tu debba trasmetterla, insomma, potrebbe diventare, se vuoi, la tua guida sempre presente, come indica poi il suo stesso appellativo.

Resta il fatto che potrebbe avere un nome, anzi, senz'altro ha un nome se vuoi conoscerlo, e questo nome potrebbe essere il tuo in quanto parte di te, la tua essenza divina o qualsiasi altro lei rappresenti: un caro estinto, un'energia che vibra alla tua frequenza, un'anima antica che risponde al suo compito, Dio in te, come amo sentire io e so per certo che è così. Ma è importante saperlo?

Potresti vederla o solo sentire la sua voce, una voce del silenzio o una voce vibrante, non fa differenza...O potrebbe manifestarsi attraverso un'immagine che devi interpretare, o attraverso il riaffacciarsi di un ricordo, anche di una sola parola, o come musica sottile che ti armonizza, o come luce che ti illumina, o come pensiero d'amore.

Stai pur certo/a che la tua guida sa come è meglio fare per arrivare a te nel modo e nella misura più indicati per te, e lo sa così bene che tenderà ad assumere anche la forma espressiva che più ti appartiene, perché lei deve entrare in te o uscire direttamente da te e non potrebbe avere un diverso linguaggio.

Non ti appare questa una magica forma giocosa di interfacciarti con l'immenso che, come il gioco, arriva per portare gioia, scoperta, meraviglia, amore?

Se hai domande specifiche da rivolgerle, esprimile e attendi. Sappi che la risposta, che sempre arriva, potrebbe però non giungerti in questo preciso momento, ma più tardi, quando meno te lo aspetti, come un'illuminazione, ed è bellissimo.

È il pacco dono per te dal cielo!

Se non avessi particolari domande da porre, rivolgiti comunque a lei, semplicemente in silenzio, perché la pace della vicinanza è impagabile e può investirti e accompagnarti, conferendoti una specifica e particolare chiarezza di mente e di cuore: è così che vivrai quella sensazione di espanderti senza confini cui faccio tante volte riferimento, ma che, solo sperimentando, si può comprendere.

Quando credi, puoi interrompere il tuo incontro e so che non occorre che ti ricordi di ringraziare, perché uscirà da te, come un fiume, un'intensa commossa gratitudine per quella voce celeste che si prolungherà per giorni e giorni.

Capitolo 8:
Sii il sognato che il tuo intimo sogna

Conquista l'immenso dentro di te
e le galassie diventeranno granelli di sabbia.
Il Dreamer

Il mio cammino di crescita è stato un percorso di continua scoperta, attratta da sempre dall'incommensurabile, perché sentivo che la realtà che vedevo non era tutto, ma c'era di lei un prolungamento nell'invisibile che riempiva i tanti vuoti della mia solitudine. Non era una fantasia, men che meno una forma consolatoria che una bambina ancora non poteva conoscere, ma qualcosa di reale tanto quanto, e anche più, della fisicità.

Questa sensazione mi ha sempre accompagnata così quando è iniziato il mio dialogo concreto con l'alto, avveniva con naturale familiarità, senza alcun senso di stupore o di meraviglia. Di conseguenza, non solo non ho mai preso nota di tanti dati che mi veniva detto di salvare per evidenze future, ma discutevo e mi arrabbiavo se non mi era chiaro il messaggio che volevo poter cogliere subito e non in seguito.

Solo a distanza di tempo, dopo tante prove concrete e prima delle comprensioni, mi rendevo conto del valore prezioso di quelle voci e dell'amore elargito sempre, nonostante una certa dose di ingratitudine da parte mia.
Avrei imparato a ringraziare tanto e con un amore che avrebbe voluto e vorrebbe almeno avvicinarsi al loro.

Quando continuo a parlare di dialogo "con l'alto", non intendo con ciò riferirmi a una dimensione spaziale, ma esprimere soltanto la diversa dimensione da cui quelle voci provengono. Ciò non toglie che essa sia vicina a me, forse così vicina da essere dentro di me e parte di me. Che cosa sono davvero queste guide? Non ho mai fatto domande in questo senso, forse ora è giunto il tempo di farle? Forse, per poterlo trasmettere meglio di quanto sto per fare, ma per me non è affatto importante.

Posso dire che tutto ciò che attraverso loro mi è pervenuto ha trovato sempre riscontri concreti nei passi della mia vita, comprese le primissime anticipazioni del mio futuro, trasmessemi per darmi forza e coraggio quando pensavo di non poter sopravvivere.

Confesso che quando ho avuto la percezione precisa di essere davvero una parte di Dio, molto tempo fa, «**perché devi sentirmi dentro di te prima di sapere che io vi sono**», ho avuto più di un attimo di smarrimento, perché ho avvertito in me tutto il potere e tutta la responsabilità che sembravano togliermi il supporto superiore che sempre mi aveva accompagnato. Che sciocchezza! Ho capito poi che Dio è in me e anche fuori di me, perché è ogni cosa, e allora continuo a rivolgermi a quella parte di lui infinita con la mia piccola goccia di lui e procediamo insieme.

Può sembrare incredibilmente infantile, ma ho compreso anche che il massimo requisito di questa luce, che illumina di sé l'immenso, è proprio la semplicità, quella propria del bambino che, appena arriva in questo mondo, ha come unico riferimento il padre. Questo conferisce al mio contatto un senso di rispetto assoluto e di gratitudine infinita. Anch'io mi espando e divento una cosa sola con lui come quando, piccina, percepivo l'assenza di confini in tutte le cose.

So che quando chiedo aiuto e ispirazione, come adesso, Lui è con me e dirige il mio pensiero e muove la mia mano con la massima semplicità. Questa unità è la forza che permette di operare miracoli.

So che il nostro io è ben più grande di quanto crediamo, perché in lui sono le tante esistenze vissute, nostre e della nostra famiglia di anime, so che la coscienza dell'universo pullula di informazioni, so che le anime sono eterne, so che siamo circondati da presenze.

Poiché la colla che tiene unita ogni cosa è l'amore, so che questo amore può manifestarsi nei tanti aiuti che possono arrivarci da ogni dove. Questo è meraviglioso. Dunque, le fonti di aiuto sono tante. Più che indagare sulla loro identità, accogliamole e ringraziamo la perfezione del creato di cui siamo espressione.

So che la mia vita mi ha specializzata nella guarigione del dolore, dell'indifferenza, della malattia del corpo e dell'anima e a questo dedicherò i giorni a venire.

Ogni squilibrio interiore genera uno squilibrio esteriore che si manifesta nei modi più disparati, a cominciare da un senso di disagio, per diventare poi sintomo e, se ancora inascoltato, lesione fisica. La malattia diventa allora il mezzo attraverso cui la misericordia di Dio ti permette, se glielo concedi, di recuperare la tua integrità smarrita.

Nella parola "malattia" sono le radici di guarigione e misericordia. La misericordia è l'amore compassionevole di Dio che ti tende la mano proprio attraverso la malattia che, nata dalla tua separazione dalla luce dell'anima, diventa il possibile strumento di ritorno a lei, l'opportunità di una guarigione autentica nell'armonia della coscienza.

מחלה–malattia – mahala
החלמה– guarigione – hahlama
חמלה– misericordia –heml

Le tre parole contengono una parte comune, חמל, ognuna di esse contiene le altre due.

La guarigione è un viaggio nell'amore, il viaggio della mia vita, quell'amore che è panacea universale perché può tutto. È il ritorno del figliol prodigo che ha smarrito la strada di casa, un viaggio straordinario di riscoperta di sé, è morire per rinascere, è un'esperienza coraggiosa di abbandono alla vita attraverso le risorse inesauribili che puoi trovare in te.

Mai, come in questo caso, giunge ancora appropriata l'espressione "L'amore è il processo che ti riconduce dolcemente a te stesso", perché, dolcemente, ti riconduce a quello che sei. «È importante - scrive Loretta Martello - avvicinarsi al mistero dell'amore per cominciare a comprendere cosa accade quando l'amore non c'è, quando viene meno quell'intimo, tenero, caldo amore personale che si raccoglie a dialogare dentro l'uomo. In questa vicinanza, in questa fiducia, in questo reciproco guardarsi, in questo silenzioso scambio interiore, comincia a manifestarsi l'amore e nell'amore c'è sempre guarigione».

Gustavo Adolfo Rol frequentava assiduamente gli ospedali dove, spesso in forma anonima, portava sollievo, psicologico e spirituale, alle persone che ne avevano più bisogno con l'imposizione delle mani o con quelli che chiamava "soffioni verdi", soffiando cioè, in maniera intensa e ripetuta, sulla parte malata del soggetto per ottenerne la guarigione. Allora scriveva alla giornalista Paola Giovetti: «Ho scoperto una tremenda legge che lega il colore verde, la quinta musicale e il calore. Questa potenza mi fa paura».

E più tardi, nel 1987, le fornirà ulteriori spiegazioni circa l'incapacità di poter leggere il colore di una carta coperta prima di quella folgorazione che lo rapì quando, un giorno, guardando l'arcobaleno, si rese conto che il verde era il colore centrale, quello che teneva uniti tutti gli altri e, misurandone la vibrazione, scoprì che era la stessa della quinta musicale e che corrispondeva a un certo grado di calore. «Fu solo grazie a questa scoperta – afferma - che incominciai a indovinare esattamente le carte e, a poco a poco, a fare tutte le altre cose». **Furono proprio quella sensazionale scoperta e la risposta delle sue capacità a creargli una crisi esistenziale profonda per quello che era stato il suo risveglio.**

Dopo un periodo di tre mesi di ritiro, iniziò il suo apostolato di aiuto al prossimo. Fellini dirà di lui: «Ciò che Rol fa è talmente meraviglioso che diventa normale, (come a dire che c'è un limite alla meraviglia), ma, nel ricordo, assume una dimensione sconvolgente».

Di quest'uomo, che tanto stupore, suo malgrado, ha saputo suscitare, si scopre la fragilità davanti alla dimensione dell'Assoluto. **Ed è così che avviene quando vivi determinati accadimenti che ti sottraggono alla sfera puramente umana per proiettarti in un oltre senza confini in cui la tua identità si annulla per perdersi nell'infinito.**

Jean Cocteau scrive per lui una dedica: «A l'incroyable Rol, qui ne sera croyable qu'après demain seulement».

Del resto Rol stesso scriveva: «Ho sperato che fosse proprio la scienza ad aiutarmi a riconoscere e a codificare queste mie sensazioni, che sono certo ogni uomo possiede, e sarà la scienza a rivelare queste facoltà e a promuoverle in tutti gli uomini».

Anch'io mi propongo di entrare negli ospedali, nei centri di ricovero, nelle carceri, nelle scuole, ovunque ci sia bisogno di sollievo, di cura, di parola... c'è così tanto da fare e da dare. Non ci sono formule che disegnino consapevolmente la vita, per questo mi piacerebbe comunicare per sviluppare e condividere i concetti di amore, coraggio, fiducia, solitudine, crescita, risveglio, realtà, vita, la meraviglia di chi sei e perché sei qui... conoscenze insite nell'interiorità di tutti, ma ancora dormienti o semidormienti, che possono e devono essere risvegliate.

Buscaglia scrive: «Immaginate che cosa sarebbe il mondo se ognuno fosse indirizzato a diventare un essere umano unico!» In fondo tutto è in divenire, tutto cambia, niente è permanente a eccezione del cambiamento. Ogni cosa si evolve da altre per risolversi in altre ancora, in costante azione/reazione, efflusso/influsso, creazione/distruzione.

Ricordo quando, tanti anni fa, insegnavo agli alunni ad avere il coraggio di estrapolare il loro sentire intimo, semplice e vero. All'inizio mi guardavano con un misto di stupore e, subito dopo, di soddisfazione per quel via libera al riconoscimento di sé, come realizzassero, increduli, una conquista.

Basterebbe invertire gli sguardi: "loro sono quello che noi eravamo e ci sarebbe voluto anche per i noi-bambini qualcuno che rivelasse quel segreto della nostra solitudine infantile, di quel nostro essere già adulti senza esserlo ancora!".

Mi rimanevano così in mano le loro anime ed era bellissimo. Si generava un rapporto di mutua collaborazione sulla base della confidenza e della fiducia reciproca che dava vita a storie fresche, spontanee, coraggiose. Si trattava di lasciare spazio al desiderio, al sogno, all'immaginazione, una priorità tra i banchi di scuola!

C'è chi ha coniato il termine "visionarietà" che è fantastico. Solo immaginandole, le cose possono essere costruite. Nulla è stato creato dalla ripetizione di sé e di altri.

Ecco, vorrei tornare non a insegnare, ma a condividere, perché la gente, in fondo, è autodidatta e l'insegnante non può che essere, al massimo, colui che facilita l'accadimento delle cose attraverso la funzione di guida rispettosa della direzione spontanea di ciascuno.

La vita è tanto generosa se sai accoglierla!

«Ciascuno cresce solo se sognato», recita l'ultimo verso della splendida poesia *"Il limone lunare"* di Danilo Dolci, sociologo, poeta, mistico, rivoluzionario e attivista della non violenza, dove **"il poter immaginare il non ancora della persona vuol dire**

capacità di guardare in prospettiva a ciò che la persona può diventare ed essere, è un atto di affido alla vita, di consapevolezza, di rispetto e di amore nella fiducia del potere di ciascuno e nell'indulgenza del tempo che gli necessita per potersi realizzare".

L'interiorità del soggetto è il sognatore che sogna sé stesso, affermano ancora, tra altri, Stefano D'Anna, Daniele Novara, Paulo Freire, Maria Montessori, Enrico Sibilla, educatori che si sono guardati dentro per riconoscere il diritto della persona di essere ciò che è, aiutandola a diventare protagonista del suo destino.

La nostra società è ancora la società delle mete, della conquista di beni, non del pellegrinaggio alla scoperta di sé, con l'obiettivo non dichiarato, ma reale, non di formare uomini che abbiano fantasia, ma capacità lavorative che producano.

Sta tuttavia avanzando il nuovo paradigma e molti semi stanno germogliando da ogni dove.

Poesia di Danilo Dolci
C'è chi insegna
guidando gli altri come cavalli
passo per passo:
forse c'è chi si sente soddisfatto così guidato.

C'è chi insegna lodando
quanto trova di buono e divertendo:
c'è pure chi si sente soddisfatto
essendo incoraggiato.

C'è pure chi educa, senza nascondere
l'assurdo ch'è nel mondo, aperto ad ogni
sviluppo, ma cercando
d'esser franco all'altro come a sé,
sognando gli altri come ora non sono:
ciascuno cresce solo se sognato.

Costruire la persona e permetterle di costruirsi è di per sé una forma di guarigione e il percorso investe ogni parte dell'uomo: corpo, mente, anima, spirito. È il recupero di ogni suo aspetto per ricostituire l'unità.

Anche questo cammino conduce per mano, invitando a guardarsi, a scoprirsi e a leggere le parti di sé nell'ombra che nascondono dubbi, resistenze, blocchi, paure segrete e la paura è sempre la negazione dell'amore.

Ed è l'amore negato ad aprire la breccia alla malattia di cui uno degli aspetti limitanti è il suo indurre a osservare prioritariamente il corpo in un momento in cui si dovrebbe essere concentrati, soprattutto, sullo spirito.

Entra in soccorso l'esercizio spirituale che, non molto dissimile dall'esercizio fisico, è il processo attraverso cui possiamo cercare di costruire la nostra muscolatura mentale ed emotiva indisciplinata, direzionandola verso una prospettiva di fede e di amore nella formulazione dei pensieri.

Sempre più si stanno aprendo spiragli di luce in questo senso, perché è l'amore che cambia il modo di pensare alla malattia che, acquisendo consapevolezza della sua ragione di esistere, si trasforma in benattìa in quanto mezzo di autentica guarigione.

Contemporaneamente, nonostante sofferenze e conflitti, si diffonde a macchia d'olio, e incontenibile nell'aria, il ritorno libero e contagioso al sacro, all'universo, alla meraviglia dell'immenso…

Così il cammino spirituale diventa, più che un risveglio, una rivelazione: tu sei il sognato che il tuo intimo sogna, rendi il tuo sogno reale e vero, questo è il tuo compito.

"Visibilia ex invisibilibus" è scritto sullo scrigno che Stefano D'Anna estrae all'interno di un negozio di cianfrusaglie, messo letteralmente sottosopra per trovare qualcosa che possa davvero interessargli. E quando gli appare, questo scrigno è così finemente intarsiato, ha delle proporzioni così perfette da non riuscire a staccare gli occhi da lui. Quello scrigno è il cuore ove tutto ciò che vedi e tocchi e senti e aspiri nasce prima nell'invisibile da cui puoi estrarlo per portarlo alla luce.

Tu hai questo potere, così semplice da sembrarti magico, perché niente è più magico della semplicità che non ha orpelli di cui adornarsi, che è coraggiosa perché pura, che è vera perché nuda e la nudità non nasconde nulla.

Anch'io sono andata sfogliandomi nel tempo, come un albero, come un libro, strato dopo strato, sciogliendo la nebbia dell'incertezza, del dubbio, della paura, per arrivare al cuore e vedere che solo qui tutto, a poco a poco, si ricomponeva in un disegno armonico e perfetto. Le tante voci che l'hanno abitata, sono quelle dei pellegrini di passaggio che, come me, hanno recitato la loro parte e sono usciti di scena. Ora, sul palco, sono rimasta sola e posso celebrare la vita che mi appartiene, quella per la quale sono venuta.

Rol, che si definiva "la grondaia che convoglia l'acqua che scende dal tetto", osservava che non è la grondaia a dover essere analizzata, ma l'acqua e le ragioni per le quali "quella Pioggia" si manifesta. Non è studiando questi fenomeni a valle che si può giungere a stabilirne l'essenza, bensì più in alto dove ha sede "lo spirito intelligente" che già fa parte di quel Meraviglioso che non è necessario identificare con Dio per riconoscerne l'esistenza.

Questa voce è in te e ti invita ad abbattere le porte tra il mondo tangibile delle forme e il regno dei sogni intangibili per distogliere i tuoi pensieri dai pensieri degli altri, in modo che essi servano a te, invece di renderti loro schiavo, per arrivare a sentire il tuo GRANDE IO che, risvegliato alla coscienza, non ha più nulla a che fare con tutto ciò che è stato per apprendere, perché ora, nella tua verità, sei intero.

RIEPILOGO DEL CAPITOLO 8:

Meditazione di autoguarigione da una malattia grave

Cerca un luogo tranquillo e scarsamente illuminato dove tu possa abbandonarti a uno stato profondo di rilassamento. Come sempre, non è importante la posizione che assumi purché tu ti senta comodo/a e libero/a in quella condizione.

Io prediligo in assoluto la posizione sdraiata, perché il mio corpo riposa e posso lavorare su di lui secondo i suoi bisogni, senza stancarmi e senza impedimenti.

Verifica il tuo stato di rilassamento, partendo sempre dai piedi per salire lentamente su, fino al capo, mentre liberi la tua mente da ogni pensiero. Affidati alla forza dell'universo in cui sei immerso e chiedi aiuto alla Fonte affinché ti sostenga e ti guidi nel lavoro che ti appresti a compiere. Non avere fretta, accogli la quiete che stai richiamando.

Presta attenzione anche al tuo respiro, lento, ritmico, profondo...

Se ancora la tua mente si intromette, semplicemente mettila a tacere con grazia. Il tuo rilassamento ha la funzione di ridurre ogni tensione per permetterti l'abbandono alla visione interiore di ciò che vuoi perseguire.

Ora rivolgiti al problema fisico che ti preoccupa e, qualunque esso sia, confida ciecamente nel tuo potere di poter operare con l'energia della Fonte che richiami a te. Puoi sentirla vibrare nei palmi delle tue mani, lungo il corpo, nelle estremità come calore, pizzicore, pulsazione. Richiamala ed estraila da tutte le forze della natura che puoi visualizzare, se ti piace. Io amo sentirle e attirarle e percepisco l'energia crescere ed espandermi in essa.

Osserva il tuo problema: vedilo, sentilo, parlagli come faresti con un amico.
Come ti appare? Visualizzalo.

Ricorda che, in qualche modo, tu l'hai richiamato e ora devi comprenderlo per superarlo e vincerlo.

Non è un nemico, ma un mezzo attraverso cui acquisire consapevolezza della falla che lo ha introdotto e attraverso cui, ora, comincia a filtrare la luce.

Domandagli perché hai bisogno di questo dolore e a quale scopo ti serva. Fai tesoro di un suo messaggio che potrebbe giungerti, perché la guarigione si può ottenere solo se si inizia a dialogare con la malattia per capire che cosa voglia comunicarci.

Chiedi alla Fonte di inondarti di forza e ascolta in quale direzione è meglio dirigerla, dove è utile soffermarsi e insistere e dove puoi scorrere via. Adoperati energeticamente sul tuo dolore, facendo attenzione alle parti più bisognose, lavorandole con le tue mani e immaginando di allentare sempre più la morsa del male. Il corpo ti parla, impara ad ascoltarlo e, se ancora non sai tradurne la voce, sarà l'intelligenza dell'energia a guidarti.

Puoi rinforzare il tuo lavoro, chiamando a raccolta le difese insite nel corpo con il ricorso a quelle sentinelle battagliere, che sono i globuli bianchi, che, forti e aggressivi, attaccano le cellule malate, deboli e confuse, che vengono smaltite come rifiuti per via naturale. Vedile combattere. Visualizzale come pesci che inglobano le cellule malate o come un esercito di soldati indomiti sui campi di battaglia, intenti a sprigionare tutte le loro armi di difesa contro il nemico, fino a sentirle trionfare sulla malattia.

Questo genere di visualizzazioni, ripetute fino alla vittoria sul male, sono potenti. Devi però fare leva sempre sulla guarigione e non sulla malattia, cioè devi sentirti stare meglio, devi percepire la carica che ti infonde la sensazione di essere sulla via della guarigione, senza dubitarne mai. Il dubbio vanificherebbe il lavoro.

Devi vedere il tuo male sgretolarsi, ridursi, rimpicciolirsi fino a dissolversi. Ascolta e vivi l'emozione incontenibile che ti investe davanti alla guarigione che sta prendendo il sopravvento. Sentiti guarito.

La fiducia nel tuo potere e l'abbandono alla Fonte sono le forze che guidano alla guarigione e, contemporaneamente, ti infondono una nuova vitalità che va a rinforzare il tuo sistema immunitario e l'intero organismo.

La vita torna ad aprire le porte agli affetti e ai progetti alla luce di una consapevolezza nuova.

Apri gli occhi e alzati se vuoi. Affacciati alla luce del giorno e dei tanti giorni che ancora ti attendono.

La visualizzazione è una modalità molto diffusa nel trattamento e nella guarigione di gravi malattie, preziosa e insostituibile in ogni problema di salute oltre che in ogni altro campo in cui si voglia raggiungere risultati ottimali, perché "visualizzare è immaginare" e l'immaginazione, l'arte del mago, è l'inizio della creazione.

Ripeti questa forma di meditazione finché non avrai raggiunto il risultato che desideri, **sempre facendo leva sulla guarigione e sulle emozioni conseguenti. La guarigione del corpo è strettamente dipendente dalla guarigione dell'anima**.

La meditazione, che ti conduce dentro te stesso, è la prima esperienza di te e ti renderà consapevole di ciò che sei, forte e umile contemporaneamente. «E quando questa consapevolezza-testimone viene toccata, - scrive Osho - accade un grande risveglio, come se un serpente, che stava avvolto su sé stesso, all'improvviso si drizzasse, come se qualcuno, che stava dormendo, venisse scosso e si svegliasse». Allora, per la prima volta, percepisci la verità del tuo essere e questo ti trasmette padronanza, forza e il senso di una magica autonomia.

Puoi accompagnare al tuo lavoro le cure mediche prescritte. La mia esperienza mi porterebbe ad affermare che il tuo potere potrebbe bastare alla cura...**nel momento in cui tu sei!**

Se, nell'adoperarti, si infiltrassero dubbi, paure, timori di essere insufficiente al raggiungimento del risultato, tieni presente che è umano, ma scacciali o, tutt'al più, accoglili come sfida a continuare, con maggiore impegno, il tuo lavoro.

Il rilassamento ti conferisce un ruolo nella riconquista della salute, quindi ti attribuisce un potere che rinforza il tuo sistema immunitario, accompagnandosi alla volontà di vivere, alla sostituzione del senso di impotenza e di disperazione con la fiducia e facendosi strumento di comunicazione con l'inconscio.

Le immagini mentali sono una modalità di guida alla guarigione attraverso cui creare atteggiamenti positivi, permettendoti di diventare più simile alla persona nuova che vuoi essere e percependo che la via verso la salute è realmente un processo di rinascita.

Infine, se vuoi trasferire nel disegno le immagini mentali di cui ti sei servito/a per la guarigione, tieni presente che ogni azione concreta può rinforzare la tua partecipazione attiva alla guarigione stessa.

Quanto più l'uomo saprà sviluppare la sua multidimensionalità, tanto più questa via spirituale sarà la medicina e la cura del futuro.

Accolgo poi l'idea giocosa, ma che va ben oltre, di Marianne Williamson, di abbandonarsi anche allo scrivere lettere alla malattia per confidarle tutto di te e, contemporaneamente, immaginare che la malattia risponda con altrettanti scritti.

È l'inizio di una corrispondenza dell'anima che, traducendosi in espressione concreta di dialogo attivo, contribuisce anch'essa a chiarire e a fortificare la conoscenza dei tuoi processi interiori, giocando un ruolo non indifferente al compimento del tuo disegno di vita del momento e dei giorni a venire.

Proprio rimanendo su questo punto, al fine di rinforzare l'importanza del trasferire su carta la propria storia, conferendo spessore di chiarezza al vissuto di dolore, quale ulteriore preziosa forma di autoterapia, ritengo utile inserire qui l'idea della Dott.ssa Stefania Gori, (Direttore dell'Oncologia Medica dell'Ospedale Sacro Cuore Don Calabria di Negrar - Verona), di indire il premio letterario annuale "**Le parole della vita**" da conferire a una tra le tante opere che malati, familiari e operatori sanitari vorranno inviare «**per accogliere e dare merito a quanti, affrontando questa esperienza di malattia, sono riusciti a trarne profondi insegnamenti di vita**».
Chiarimenti e informazioni all'indirizzo mail della FONDAZIONE AIOM – **Associazione Italiana Oncologia Medica:**
premioletterariofederica@fondazioneaiom.it

Conclusione

Ho definito la mia vita "magica" attribuendo al termine il significato che il bambino dà alla parola. Per lui la magia è stupore, meraviglia, qualcosa che spunta dal nulla per fargli spalancare gli occhi e incantarlo, quindi racchiude il senso della sorpresa inaspettata e della bellezza sorprendente.

Sento la mia vita magica per la straordinarietà, se così si può dire, che sta tutta in quella concatenazione degli eventi, così precisa da evidenziarne il già scritto. C'è stato un tempo in cui guardavo alla vita tranquilla di certuni che, mentre si trascinavano annoiati, avrei voluto per me. Quando ne espressi il desiderio, mi sentii apostrofare che quella che mi appariva giusta e appetibile quiete, era il nulla.

Eppure io la trovavo invidiabile nel suo vuoto di stravolgimenti, ma non doveva essere la mia vita. «Sei un'anima molto antica» mi era stato detto più volte. Io mi percepivo nuda e priva di tutto. Per molti anni mi sono sentita inadeguata a quella vita senza strumenti per gestirla.

Vivevo solo della mia interiorità che mi trasferiva in un vuoto immenso e non sapevo ancora che quel vuoto, pieno di suoni, di immagini, di percezioni, di sensazioni sublimi che mi trasmetteva, era coscienza.

Mi parlava così tanto che la vita di dentro sostituiva alla grande la vita di fuori, solo marginale. Sentivo soprattutto di poter volare e volare era non il recupero dei sogni che non c'erano, ma il senso del dover scoprire il mio essere che amava le altezze. C'era tanta musica in me, una pienezza che allora era il mio rifugio e che sarebbe diventata la meraviglia della scoperta.

C'è voluto però tutto il travaglio di quel sincronismo di avvenimenti per dipanare la matassa e portare alla luce la bimba che ora sapeva leggere nel suo passato e la donna che ora poteva realizzarsi, manifestando il suo essere.

L'essere era prima, ma l'avrei potuto ricomporre solo dopo, perché la vita è come lo scorrere di un fiume che crea da sé il suo percorso che la natura, però, gli ha tracciato. Le cose accadono quando sei pronto a comprenderle. Se entri in una stanza con troppa luce, ti bruciano gli occhi e li socchiudi per vederla meno. Così accade quando non sei pronto per la verità che brilla di una luce potente.

«Quando sarai...» mi ripeteva Franco, e io mi sentivo piccolissima e, a forza di sentirmelo ripetere, mi sembrava di dover sbocciare come un fiore.

Ringraziamenti

Ringrazio le tante presenze che sono state compagne di viaggio, a cominciare da quel Carlo, inconsapevole aiuto con cui ho condiviso tanti anni di lavoro e per il quale ho versato tante lacrime, ma che, fino all'ultimo, è stato presente, i miei genitori, le mie sorelle e fratelli, mio marito Livio, le mie nipoti, Alfredo Troisi e Gianpiero Ganeo, il nostro caro Giorgio Brugaletta e la sorella Mara, suor Maria Emanuela, dolcissima e presente con l'appoggio della sua fede luminosa, Franco Lilliu, caro amico di voli pindarici in altri mondi, il Dott. Alfredo Ferraro che mi ha accolta e seguita nel tempo, il Prof. Emilio Servadio, preziosa guida che mi ha indirizzato alle giuste fonti, il Prof. Arnaldo Zanatta con le sue Kirlian incoraggianti e i saggi consigli paterni, Valerio Sanfo, da cui ho ricevuto l'unica copia del suo libro sul linguaggio delle piante, Lorenzo Ostuni che mi introdotta al Biodramma nel suo magico antro romano, Bill Tomson e Brenda Lawrence, preziosi insegnanti all'Arthur Findlay College di Stansted-Inghilterra che mi hanno permesso esperienze medianiche uniche, Carla Parola ed Enrico Mellino, compagni di viaggio per tanti anni, Claudia Guarino, l'ultimo angelo che ha saputo infondere forza e credo nella realizzazione di questo lavoro, Anna Camisasca per i suoi incoraggiamenti, Lidija Jurica per i suoi insegnamenti, Gisella Aldrighetti, il caro indimenticabile Prof. Giuseppe Candiani, il Dott. Manfredi Andollina, instancabile alchimista e punto di riferimento costante, la Dott.ssa Rosa Clara Manduzio, gentilissima sostenitrice, il Dott. Simone Arduca, responsabile dei Servizi Generali dell'Istituto Clinico Humanitas di Rozzano per la sua attenzione e gentilezza, Simone Borchetta, mio paziente e fedele tecnico che ha collaborato alla battitura del testo, il Dott. Domenico Miccolis, stimatissimo amico e confidente in cui ripongo la mia totale fiducia, Anna Margara, Miretta Frediani, Chiara Venturi e Giada Ponis, compagne di studi, Gaia, ragazza coraggiosa, Flavia ed Enzo Gatti, indimenticabili, Elisabetta Centinari, la Dott.ssa Stefania Pieralice e il Dott. Daniele Radini Tedeschi, il Dott. Demetrio Iero, stimatissimo studioso e insegnante, il Dott. Silvano Rainati, amico castellano, Pino Gallo, stakanovista del lavoro, Cristina Vignato che mi ha aperto le porte dell'Akasha, Daniela Biganzoli, amica e artista personalissima, Alberto Sandoli, Laura Acciarito, il mio Avv. Dott. Ugo Spinazzola, a cui sono grata per la preziosa assistenza, l'Avv. Paolo Esposito, a cui pure devo il mio grazie riconoscente, la mia commercialista Dott.ssa Amelia Imparato, Rita Vicentini e Gabriella Soave, educande compagne, Reginetta Navarro, istitutrice indimenticabile per l'affettuosa presenza negli anni di collegio, Giuseppe Congestri, mio servizievole autista, Roberta Donati, Aurora e Roberto con Romana ed Elmo Donati, che ci hanno accolte sempre e ancora a braccia aperte come facenti parte della famiglia, Ania, compagna di progetti futuri, Giovanna La Chimia e mamma Lucia, Lauretta Salandin, dolcissima ettadin, anima bellissima e sorella, Laura, la mia Chicca, a cui dedico questo lavoro perché, con ali più grandi delle mie, è volata via troppo presto, un grazie particolare a tutti coloro che vorranno leggermi, riconoscendosi nel mio cammino e trovando in esso spunti di riflessione e verità, e infine, ultimo, ma non per importanza, Bruno Editore e tutto il suo staff che l'intervento sincronico di Rossana Rossi ha portato a me.

Ecco, ancora una volta, come la vita è la trama che ci cattura e ci raccoglie uno nell'altro, come tante matrioske, come dice Thầy.

info@alessandraparisotto.it
www.alessandraparisotto.it

www.ingramcontent.com/pod-product-compliance
Lightning Source LLC
Chambersburg PA
CBHW050859160426
43194CB00011B/2212